世界上更大的谎言是你不行

卡西 · 著

中国友谊出版公司

图书在版编目（CIP）数据

世界上更大的谎言是你不行 / 卡西著. -- 北京：中国友谊出版公司, 2017.4

ISBN 978-7-5057-4062-4

Ⅰ. ①世… Ⅱ. ①卡… Ⅲ. ①成功心理－通俗读物 Ⅳ. ①B848.4-49

中国版本图书馆CIP数据核字（2017）第105018号

书名　世界上更大的谎言是你不行
著者　卡西
出版　中国友谊出版公司
发行　中国友谊出版公司
经销　北京时代华语国际传媒股份有限公司　010-83670231
印刷　三河市宏图印务有限公司
规格　880×1230毫米　32开
　　　9印张　200千字
版次　2017年7月第1版
印次　2017年7月第1次印刷
书号　ISBN 978-7-5057-4062-4
定价　38.00元
地址　北京市朝阳区西坝河南里17-1号楼
邮编　100028
电话　（010）64668676

目 录

01

努力须趁早，拼搏须尽心

02

伴初心一起成长，在失败中感悟人生

03

时光不会辜负每份虔诚的等待

04

成为最好的自己，遇见最好的爱情

01

努力须趁早，拼搏须尽心

我强调努力要趁早，

就是希望我们能够在最早的年纪，

感悟成功的意义；

能够在最早的时间里有选择的权利；

能够在年长的时候不辜负自己；

也能够在大风大浪里，

有勇敢面对困难的能力。

世界上更大的谎言是你不行

1

前几天，做了一场分享沙龙。

有位名叫华子的男生问我："卡西姐，你说，我这种穷人家的孩子，能行吗？能翻身吗？我觉得我一辈子也就这样了。"

在华子的言谈中，我发现他极度不自信。

大学时，他文章写得不错，有一次，老师寻了个机会，鼓励他投稿，参加一场写作大赛。他为此感到欣喜，却也十分焦虑。他夜不能寐地构思，地上的草稿纸扔了一张又一张，却也没写出满意的作品。

老师嘱咐他："没关系，我看你其中好几个故事写得都挺好，直接投就行了。"

华子摇头："我不是专科出身，写出的东西真不行，算了吧。"

索性连试也没试，这场比赛不了了之，写作也因此被他放弃。

毕业之后，他去面试。

对方人事经理问他："你对自己五年之内的职业生涯有什么规划？"

他怯懦半天，说不出所以然，最后只道："希望每个月能拿到五千块。"

如你所想，这场面试以失败告终。华子解释说："我一不是名校毕业，二没有家庭背景，能有什么成就啊？那些高官厚禄、功成名就的愿望我不敢想的。我妈说我家就是再普通不过的家庭，飞不出凤凰的。"

还有一次，他离职。

通常我们跳槽，都是为了更好的职业规划和更好的薪资待遇。但华子却正好相反，他觉得自己的能力配不上这样好的条件。

那份工作，是一个亲戚介绍的，各方面条件都比他之前的工作好。可从开始工作，到辞职，他却一直在打退堂鼓。

一会儿觉得自己无才无德，要是做不好这份工作，岂不是给亲戚丢脸？

一会儿又想自己真没用，居然基本工作都能出错，白瞎了这么大个人，也许就是命中注定平庸吧。

本是朝气蓬勃，充满干劲儿的年纪，却只见一个二十几岁的大好青年，处处否定自己。

这是因为，在家庭环境和社会环境影响下，他早已在人生的成长中，给自己灌输了谨慎的念头。一旦某件事情超出他的预期，他就会心生胆怯，长久的自卑让他觉得“我不行”“我做不到”“我没办法”，让他认为自己不配得到最好的。

努力去拥有更好的生活，是很累的；而让自己“不行”，却轻松又容易。

于是，他把这种暗示，转换成人生的“引导”，将他的奋进、努力、改变全部掩盖，他已给自己盖棺定论，遇到无法解决的事，第一个念头必然是：算了，我不行。

2

其实，从小到大我们被灌输了太多的“你不行”。于是梦想和期待，一次次被搁浅；努力和追求，一次次被放下。

十来岁的时候，你想帮母亲做做饭，以尽孝心，结果不小心打碎了盘子，母亲在旁边直叹气：“这孩子真是不行，看看你堂叔家的闺女，洗衣做饭蒸馒头包饺子，都在行，咱没福气啊。”

你还想争辩些什么，最终只是默默地回了房间，至此，你对做饭再无兴趣。

高二那年，你想考美国的麻省理工学院，老师拿起你的试卷摇摇头：“就你这成绩，没指望，你能考上个一本就谢天谢地了，你不行，别浪费时间。”

你原本想改掉青春期的叛逆，让成绩步入正轨，却突然泄了气。

大四即将毕业，你对自己说，要去一个500强企业，要一年之内业绩昭著。你日日投送简历，参加招聘会，不放过每一个实践的机会，结果天不遂人愿，依旧成绩平平。室友说："没用的，'寒门再难出贵子'这话听过吧？普通家庭长大的我们，改变不了什么。"

父母也说："那么多人竞争，你不行的，回老家来找个安稳的工作得了。"

你看着墙上的日历，忽地失去了奋斗的欲望，于是打开电脑，参与到了室友的游戏中。

结婚之后，你不甘心做一个碌碌无为的家庭主妇，你一边重返职场欲争回二十几岁的锋芒，一边研究育儿知识照顾孩子起居学习，终于疲惫不堪。

丈夫说："你看那个谁谁谁，做到了华东区总监级别，你这性格不行，能力也不够，不如趁早歇歇吧。"

公婆说："女子无才便是德，相夫教子才是本分，就挣那么点钱，够干什么的，你不行，做不了女强人，回来带孩子吧。"

你鼓了很久的勇气，一下子被放空，你看着因为着急回家被高跟鞋磨破的脚，叹息道：我真的不行，这么累我受不了。

于是，你一步三回头地离开公司，做起了家庭主妇，这一做也许就是几十年。

人近中年，你想创业，想放弃原本稳定的前途，从头来过，只为拼一个心中所梦，脑海中所想。这时妻子浇来一盆冷水："你就不是经商的料儿，好好地拿个死工资得了。这些年要不是我，你连这个工作都没有，你不行，别瞎折腾。"

你望了望墙上的时钟，想了又想，也许，妻子是对的；也许，你终究无法实现自己的梦想。

究竟是我们太软弱，还是别人的建议太强势？

都不是。

是我们自己，已经用“我不行”这句魔咒，给自己的人生设置了障碍。

3

认识一位姐姐。

因为被父母认定：长得不出众，学历也不高，更没什么本领在身，便嘱咐了说媒的人，找个愿意娶的就行，别的不挑。

这位毫无话语权的姐姐，便被随便嫁去了邻村儿。

对方曾受过伤，干不得累活儿。于是，除去洗衣做饭的日常，姐姐还得兼顾赚钱养家。

那是一个攀比之风严重的村庄，姐姐嫁过去的家庭，在村子里属于中下等水平：低矮的院落，种着庄稼的农民，老实巴交的公婆，做不来重活儿的老公。

这一切的一切，都被她父母定格在“命该如此”的意念里。

彼时我还小，不懂得什么叫作渴望，姐姐却知道。她在贫困里，渴望拥有一套属于自己的楼房。

没有人看好她这个卑微的愿望，连同她的父母也认定。她的一生，日子大抵如此了，打击她道："你一个女的，还想着发家致富啊，趁早断了那不切实际的梦，在家带带孩子得了。"

她也不说什么，只是起早贪黑跑去十几公里远的工厂挣钱。一个人焊出的铁管，顶两个人的工作量。工厂闲时，她便去帮人摘棉花，数扣件，看大门……后来去了服装厂的车间，从一个小小的流水线检验人员，过渡到车间主任；后来，又做到了办公室主管；再后来，她能管四个车间流水线生产了。

这个也不过二十多岁的女子，愣是活成了男人的模样。

人与人之间，就是在一些小机会、小细节的坚持里，渐渐拉开了差距。

她在冷眼中坚持的路，终于有了回报。薪资高了，待遇好了，家中盖起了三层小楼，买了车，有了存款。

这么多年，犹记得她脸上明媚的笑，和不服输的神情。

4

生而为人，存于社会，我们没主见的时候太多了。"不行"这两个字仿佛一个魔咒，在他人的建议中，贯穿于我们的青春年华，时间一长，连我们自己都这样认为了。

你有没有想过，无论是旁人口中的"你不行"，还是自己口中的"我不行"，是真的不行，还是正好给了你一个逃避的借口？

这个世界上，有几个人从刚开始就能神奇地精通于某个领域？有几个人做任何事都会成功？不过都是在不断地自我修复、自我安慰和积极地自我暗示中，进行努力的填充罢了。

而与之对应的堕落，便是消极的自我暗示。

你觉得工作强度太大自己做不到，你觉得女神高高在上自己配不起，你觉得自己做出的方案太垃圾，哪怕扔掉也比让客户看到要好。他人一个眉眼暗示你立马就蔫了下来，他人一句负面的评判你转身就想哭。如果你不够自信，就正好落入“不行”的圈套。

而你从不知道，任何试图以“你不行”来对你进行洗耳的，都是谎言。

一旦落入这种圈套，一旦过分灌输了“我不行”的概念和思想，就会加深内心深处的自卑和怯懦。这非常容易让你在人群中消失，话语权消失，表现欲望消失，表达能力消失，逐渐地让你越来越不起眼，然后更加不相信自己，恶性循环。

最后，便真的不行了。

你都没试过，怎么知道不行啊？

你越来越普通，是因为过度的羞耻感

我人生中的第一份工作，是做经理助理。

公司是做视频会议软件的，规模不大，却也是各个职位齐全。那会儿我初入社会，对这个行业知之甚少。公司同事要么会敲代码，要么懂得如何操作服务器；前台加工，后台维护，他们所擅长的，恰恰是我所不懂的。

要说助理的工作内容，其实也不太需要什么技术含量，知道公司做哪类产品、大致的发展方向就好，这些关于软件维护的技能，不会也没关系，左右我能记住老板的行程安排，记得订机票就好。

老板是加拿大留学归来的创业人员，管理方式开放，为人大度开明。我到公司的第一个月，他说公司虽小，但会为员工提供发展空间，如果我能够学会后台软件的维护，可以转岗到售后，薪资加倍，待遇从优。

为这句话，我年轻的心顿时觉得前路充满激情与希望。

于是，我开始了好几个月的自学。

为什么说自学呢？因为我不好意思问别人。

我自己看软件说明，然后研究后台如何操作和使用，半路出家是一个很艰难的学习过程，没有人引导容易走偏。

其实当时的同事都很不错，跟我说有不懂的地方可以随时问他们。

我还是不太好意思主动求助，最终导致这份学习以及转岗不了了之。

后来，我离开了那个公司。听原来的同事说，公司规模扩大，员工不断增加，后来老板又投资了别的项目，一切都更加好了。

我其实有些懊悔，为什么不肯去问一问别人，这样当时也不至于守着助理的名号做了那么久，反而没学到一些真本事。

如今想起，觉得当时过度的不好意思，其实本身是一种“羞耻感”在作祟。

潜意识里，我对向人求助这件事感到羞耻，这并不是一种良性情绪；这种情绪，会让人想跟他人保持一定的距离感，因为距离太近，自己的缺点和无知就会大面积地暴露，平时建立起的各种形象有可能随时崩塌，虚荣心在被你求助的人的眼里得不到安置，他极有可能觉得原来你也不过如此。

这会造成一种不安全感，担心他人看轻自己，担心他人并不会帮助自己；面子、自尊心，这些东西都会被一定程度地放大，于是导致宁愿守着固有的知识和一知半解自行研究，也不愿意让自己在别人眼里看起来很“low”，然后让自己不断地跟求助这种事保持距离，避免影响自我的心理建设。

有没有用？

这种建设大部分会起到一个负面作用。

上学的时候，优等生那么多，为什么有“不耻下问”这个词语呢？就是哪怕你是优等生、尖子生，你也有可能遇见比你解方程式更多元的人，比你写作文更好的人，比你做实验更快的人。墨守成规不如多问一下，说不定能够改变自己原有的一些方式，让学习成绩更上一层楼。

工作中也是一样。

社交关系之所以千丝万缕，因为它是社会发展的产物。特立独行在某些时候不是一个褒义词，在工作中特立独行并不能带给你优越感；前辈的教导经验有可能让你做起事来事半功倍，他一席话，可能顶你多年读的书。

过分的羞耻感来源于害怕被别人知道自己的技能和知识匮乏，怕被嘲笑和不屑一顾；但往往没有人太在意你的不懂，因为事不关己，你也没有重要到别人时时刻刻要拿出你的无知来当反面教材。

之前采访过一位作家，采访完毕闲谈。

在座的众位boss，都是比常人高出很多倍的阶层，他们聊得投机，互相都加了微信好友。

我因为觉得自己位低权轻，加之功利心不强，便坐在角落里默不作声，也深知人脉资源都是boss的，采访者与被采访者之间的关联也不过是一篇采访稿而已。

没想到这位作家转过身与我攀谈，问及我的微信号，主动加了我，我一时间有种受宠若惊的感觉；被问及喜欢哪类电影，坦言最爱高智商烧脑以及心理推理系列，他惊呼，有共通点啊。于是两人就着《穆赫兰道》《万能钥匙》《致命ID》这一系列的片子聊了很久。

席间，同事向众人说起，我签约的新书大概过几个月也要上市了，众人皆祝贺我，boss也问我，你真的要出书了？我很不好意思地说，是的。

在这之前，只有我们部门的几个同事知道这件事。我不太跟人谈及我的写作，因为在真正会写的人面前，在真正见多识广的boss面前，我是不自信的。我总以为我的段位即使再多修炼几年，可能也达不到他们那种境界；这种小打小闹，聊以自乐就好，还是不要自讨没趣。

但我发现，其实是我想多了。

真正的高手，是不会贬低任何人的努力的。

他们谦和、宽容，会鼓励你，会告诉你一些经验让你避免走弯路，甚至还会指引你找到一些可能你自己摸索良久都找不准的方向。

就算与真正的作家之间，只有一篇采访稿的接触，但与他之间的沟通交流，亦会让自己通透不少；而且，当我们交流的时候，我们之间是平等的。

交谈，本身也能带动自我提升。

而羞耻感，容易阻止这种提升。

不自信，没底气，知识匮乏，都会造成这种羞耻感的加剧;. 但是不要慌，求助、询问、咨询本身也是一种对知识的补充。

羞耻感所带来的担忧，通常有两点：

一是，对方的看法。

比如，被你求助的人是否会看轻你，是否会觉得你徒有虚表；未见真知，是否真的会帮你?

前者，不要想太多，即使他觉得你没有他想象中的那么优秀，原来你也有这么多不会的东西，也不如你能学到真正的本事来得有用和实际。后者，更不要想太多，如果态度好能获得指导，那么请你放低姿态；如果金钱能获得帮助，那么请你对求助付出对等的费用；要收获就要有付出，这是应该的。

二是，自我的认知。

羞耻感本身是一种心理上过度的不好意思和畏惧。

怕别人笑话自己，怕别人不理解自己，想与他人保持安全的距离；这样，一切都不会暴露，任何不好的行为和习惯都不会暴露。

但其实没有谁是完美的，你走近了就会发现，他人也一样是非万能的；你所具有的缺点，别人可能也有，各有所长，各有所短。

所以，羞耻感应该是有时限的，长久过度的羞耻感会让人失去动力，情绪忧郁低沉，会让人不好意思开始做一件事情，不好意思求助，从而得不到应有的进修和发展，畏首畏尾，做事情放不开手脚。

而那些你曾以为的羞耻，不敢言表，难为情、碍于面子的态度，其实等你成熟或者多年之后就会发现，当初实在没那个必要，这不能给你带来任何实质性的成长。

倒不如干脆放下羞耻感，大大咧咧、无所畏惧地前进来得更好。

这个世界，从不会给伤心的落伍者颁发奖牌

肖明发了一条朋友圈，大意是：时间总能让你看清一些人，多年前称兄道弟，如今却落井下石。配图是装着威士忌的瓶子和酒杯，一副买醉的失意感。

原以为只是他一时感慨，没想到却引发了他和小林之间的绝交之战。

小林在几个朋友的问询中表达了不满：肖明从未付出过，就想以兄弟之情坐收渔翁之利，天下哪有那么好的事情？

事情要从三年前说起。

那时候，肖明与小林，还有另外两个同学，几个人受电影《中国合伙人》的影响，决定效仿前辈的路，创自己的业，以股份制合伙注册了一家公司，并去中关村租了柜台和库房，兜里的钱所剩无几。

万事开头难。

公司成立的时候，正是夏天，几个人开始明确分工：一个人守着柜台，负责零售业务；一个人负责送货，往来于库房、门店、客户公司之间；另外两个人根据手头现有的资源和联系方式去跑客户，试图以三寸不烂之舌，凭借产品质量之硬，寻求任何一个有可能合作的机会。

此番分工，类似日常生活中用到的“AA制”，即大家轮流休息，并不是一直坐在办公室里，或者一直出去承受风吹日晒，在当时的情境下，这算是最公平的规定了。

小林说，那会儿大家都累，没心思享受任何风花雪月的浪漫，跟女朋友吵架是常有的事情，甚至没钱吃饭也是常有的事情，所有钱都用来压货；不知道算不算得上一生中最困难的时期，但总归是很苦就对了。

他们从夏天跑到冬天，从炎热苦到寒冷，终于稳定下来了，客户资源逐渐趋于稳定，最起码收入与支出均衡，能够维持日常开销了。

可这是不够的，他们要的是把公司做大、做强，是要获得可观的利润，而不是仅够维持生计。

终于，在年关将近的时候，小林拿下了郊区一个大型项目的招标，第二年春天该项目会正式启动。

唯一的困难，是资金不到位。

项目初期，甲方只能付30%的预付款，剩下的货款要项目结束才能付清；也就是说，除去客户的预付款，项目中所使用的其他产品费用，都需要四个合伙人垫付。

创业就是这样，要想有收获，必须得先付出；于是几个人商议，把能筹到的钱准备下，等到来年干一票大的。

众人皆摩拳擦掌，觉得看到了希望。

唯独肖明，抛出一枚重量级炸弹，他说，他想撤股。

肖明当时给的理由是，他觉得前期投入资金太多，风险过大，如果到时候尾款不能结清，没准就会把他们这个公司给拖垮；或者中途换产品品牌，换合作公司……这么大的项目存在的变数太多了，肖明觉得，孤注一掷不是良策。

肖明撤股的理由很充分：一、不愿意冒险；二、跟女朋友相处得不错，打算结婚了，找个常规的工作，想稳定一些，过稳定的生活。

对于他的理由，大家都觉得无可厚非，毕竟婚姻为人生大事，比不得他们单身的人，一个人吃饱全家不饿。于是，众人商议，把肖明的钱撤了出来，许他一个祝福的承诺，并随了一份大红包；然后，小林和其他二人，继续在创业的路上披荆斩棘。

肖明转身找了家别的行业的公司做产品顾问，与以前工作内容所差无几，唯一不同的，有保底的工资。就这样，他凭着年轻不愁、又轻松又不紧不慢的姿态，过了这几年。

其间，肖明结了婚，工资加上提成也就那样，维持在收支平衡的状态，算不得多挣钱，倒也不愁吃穿。

而小林，和另外两个合伙人，当年拼尽全部积蓄和借款。那时，他们每个人都身负债务，找亲戚，找朋友，甚至找银行，动用了一切关系，终于筹到了足够的钱，做成了那单生意。结果很如人意，回款没有任何拖欠；项目结束后，三个人都还清了债务，利润可观。

那是他们过的最“饥饿”的日子，苦守终于变成了云开月明。

几年下来，小林与产品加工厂合作，打造了自己的品牌，在行业内有了一定的知名度，品牌营销也做得不错。他们已经很少去跑客户了，多的是来询价的，客户介绍客户，朋友带动朋友，三个人又租了两个柜台，正好一人一家，分别盈利，也互帮互助。

矛盾出现在小林的成功之后，肖明这几年大概混得不尽如人意，又见到小林他们已经将品牌做了起来，便前来攀谈。

肖明说，想重新跟小林加盟合作，希望小林能够带自己兄弟一把。

于是，便有了开头那一幕，小林拒绝了。

小林说，不是不帮他，而是现在自己是盈利的，也不愁投资的资金，如果额外加进肖明来，等于利润分出去；别说他们的交情这几年已经淡薄得不成样子，且论正常朋友之间，也没有这样的。

小林还说，如果肖明自己投资重新创业，他可以帮忙介绍客户；若肖明有意做小林产品的代理，也可以给他一个优惠的内部价，甚至互相合作大型项目都没问题，但直接插手小林的公司显然是不现实的。

肖明离开这个行业太久，已经没有任何资源和人脉关系，大家都是出来赚钱的，没道理损害自己的利益去帮助一个当年撤资的人。对于肖明当年的撤资，众人都是抱着理解的态度，人各有志，大家都有自己的路要走，不能强求；但当别人事业做起来时，你没付出，却要来分一杯羹，那不合适。

这世上，没有天上掉馅饼的事儿，也不会有不劳而获的事儿，谁的钱也不是大风刮来的，谁的事业也不是平白无故做起来的，都经过不为人知的艰辛和煎熬，都经历了数不尽的白眼和冷漠。

当他熬过来了，他可以力所能及地帮你，但不能倾家荡产地帮你。

当年，你的胆小成就了你的稳定；如今，就应该承受一个伤心的落伍者所要经历的落差；世界不会因为你的眼泪和过去的交情，就半路赐给你一个成功。

最开始的时候，你放弃了奔跑，冠军的名次便已经被你排除在人生之外了。

你要打起十二万分的精神来生活

读者cc留言说，她有些嫉妒她的室友。

cc是上班族，与另外一个女孩儿合租一套公寓，两个女孩儿相处得也还算不错。可是，她说她的室友仿佛有无限能量，对生活充满激情，待人接物很是周到；她在羡慕的同时，也有些嫉妒，希望我可以帮她摆脱这种情绪，避免引发不必要的矛盾而导致两人友情破裂。

cc言谈之间，颇有些多愁善感的情绪。她说，她经常会被各种突如其来的变故打乱节奏，沉迷于患得患失中良久，而把生活过得乱七八糟。

比如，她总是沉浸在工资少的现状里，羡慕那些工资高的人。去商场购物，看到品牌服装的价格便止步不前，连试也不敢试，落荒而逃；喜欢的包包，一直买不起；化妆品只能挑选最大众的牌子，几乎每次逛街归来，她都能陷于无能为力的自卑中。

比如，她并不十分注重人际关系。往往同事叫她吃饭聚会，她也去，却鲜少主动与人沟通或者培养感情；等到公司组织活动或者工作中出现变动时，她才发现，自己永远是最后一个知道的。

再比如，她的生活过得有些粗糙，上班不化妆，穿衣随便搭。有一次喜欢的男生约她下了班吃饭，她审视自己一双大妈式鞋托，还有出油的头发，愣是狠下心来拒绝了，后来男生再没约过她；经常有朋友在群里兴之所至就约起来晚上聚餐，有好几次，她都想去，可是每一次她都是素颜朝天，穿着混乱的样子，只好拒绝，她告诉自己：明天，明天一定要好好收拾自己，争取每一次聚会都能精神体面地参加。却每一次都未做到，依旧邋遢度日。

可是，cc说，室友就不是这样的。

室友的每一天，看上去都有滋有味。

室友会早起一会儿，耐心地化个淡妆。两个人经济条件差不多，但室友就是能淘到一些看上去很大方的衣服，然后从衣柜里挑出合适的搭配，看上去很有气质的样子。

室友很淡定，包里常备BB霜和口红，哪怕临时聚会，也能光彩照人；室友出门会带一把伞，炎热的夏天能遮阳，磅礴的雨天可避雨；室友为人处世很得体，不论是同事之间，还是朋友邻里，遇见事情的时候，都喜欢与之商量和求助。

室友是个有原则的人，不喜欢的事情一定不违心地接受，遇到难题会表明自己的立场。在房东擅自更改租房合同的时候，室友据理力争，最终房东妥协；但室友说，希望重新找房子，不守善心的房东，以后势必后患无穷。

室友在工作中是谈判高手，与客户会面之前一定做最足的功课。

cc半夜起来去卫生间，能见到室友房间的灯还亮着；室友说，第二天要去客户那里讲解方案，她要把每个细节都研究透彻，关键时刻不能掉链子。

其实室友并不是完美的人，也有很多缺点；但室友身上的优点却能最大限度地化解很多不必要发生的纠结和矛盾，防患于未然，是一种特别好的状态。

与其说cc是嫉妒她室友，不如说，cc其实很想成为室友那样的女孩儿。

每个人都会趋向于温暖和美好，在他人身上看到自己喜欢的模样，便心有戚戚焉。

可是，为什么cc不能成为室友那样的人？我想，是因为忘记了生活的初衷。

进一步说，她并没有把心思放在生活上。

cc很敷衍，以为日常穿着，平日积累，人情世故……都不是什么重要的事情，在她的留言里，我只看到一个赶时间的人，或者说，一个没有精神头儿的人。

是的，精神头儿。

精神头儿，往深一点说，就是“精、气、神”。

一个人，一旦失去精神头儿，无异于失去了对生活的热情和兴趣，便不能更好地处理所遇见的事情，而更容易活在自怨自艾中：对生活诸多不满，对他人诸多羡慕，对自己却诸多放弃。

“生于忧患，死于安乐”的道理，想必人人都懂，人过得太舒服，思维会变得迟钝，处理起事情来也会容易茫然；表达能力、处事能力，甚至判断能力都会大大下降，意料之外的情况也无法快速全面地做出回应。

长期不用脑，脑子就会生锈；长期对生活敷衍，生活也不会给你良好的回报。

cc的室友，是一个打起精神头儿生活的人，脑子要经常用，思维才会活跃；事情要经常做，才可以熟能生巧；相反的，越是不勤快，越是拖延，你想要得到的东西或品质，就越是得不到。

之前通过朋友，我认识了一位开咖啡厅的人。

他说，在很多女孩子心中，开咖啡厅是最悠闲的梦想。

把咖啡厅布置成自己喜欢的模样：有鲜嫩的绿植，有质感的设计，有小资的情怀；最重要的，是有自由的空间。

一杯咖啡，一本书，仿佛人生就定格在此刻，多么美好的画面。

事实上，他的咖啡厅是不挣钱的。

你所以为的悠闲，可能会给你造成损失。

这个开咖啡厅的人，厌倦了朝九晚五的忙碌，厌倦了总是与人打交道，极其渴望一场心灵的碰撞和需求。他效仿闲云野鹤作风，投资开了这家咖啡厅；而后，辞职，关闭社交软件，一门心思地要做到两耳不闻窗外事，一心只营咖啡厅。

开始还好，毕竟有创业的激情在里面，每天都在研究如何将咖啡厅布置得更加有品位，研究如何引进更好的咖啡豆，搭配何种糕点更合适；久而久之，他待在咖啡厅的时间远比之前八小时工作制时间还要多。不同的是，以前经常与同事和客户打交道，如今却是一个人，一研究就是多半天。

客户三三两两，总是不多，营业额只够维持日常开销；对于一家店来说，收支平衡就是没有利润，还耗费了大量的时间在里面，等于是赔钱的。

这本来没什么，创业总有胜负；让这位朋友觉得损失最大的，是他的表达能力和思维发散能力，这些大肆减弱。

在与人沟通的时候，没了从前的干练和敏捷，遇事总是慢半拍，这让他很是苦恼。最终，他决定放弃闲云野鹤的状态，回归热闹的人间。

他跟我说过这样一句话：任何时候，都不要太过放松，不要让自己变得得过且过，要把人生每个时刻都当作锻炼场；敏捷的思维和随时应变的能力，才能让你的人生充满可能性。

对于他的话，我深以为然。

我们就是太放松了，人都是越待越懒，越放松越不能适应这个社会的快节奏。

你看《奇葩说》，一期比一期精彩，越往后看就越发现，辩手们的辩论技巧都比以往的更成熟，更有逻辑性，架构更清晰，听起来非常容易被打动；那是因为，他们在不断的辩论中，越辩越有激情，越辩思路越清晰。进步，是在一次次的锻炼中完成的。

遇强则强，这个成语想必你我都不陌生。

很多时候，我们在与人的交流中，在对比中，在与对方追逐的过程中，才能变得更好；大脑和身体都要动起来，多思考，多练习，才可以在其中得到积累，才能在这个领域变得更加专业。

在合适的情况下，多发表观点，也是很有好处的；在发表观点的同时，会增强表达能力；也能够让大脑多方面运转，检索自己的错误，分析现实的情况，并最终让自己得到提升。

所以说，打起十二万分的精神生活，非但不会累，还会化解生活中很多不必要的麻烦，让自己变得更好；相反的，越是闲散懒惰，处理起事情来越是茫然，因为缺乏经验，能力会大大减弱。

别人在进步，你原地踏步，其实就是在退步。

愿你和我，都能够打起十二万分的精神，把生活过成自己喜欢的样子。

毕竟，你越敷衍它，它越不屑于给你机会。

善待生活，就是善待自己。

苦难终会过去，羡慕别人不如喜欢自己

1

有读者问我，羡慕嫉妒恨是不是一种好情绪？

读者唤自己樱子，身在象牙塔之中，对着还未到来的世界喟叹。一边羡慕昔年关系不错的师姐平步青云，不过毕业三两年，大有人上人的趋势；一边反观自己，来路不可寻，去路无影踪，他年实习之后，说不定工资平平，无一技之长，随时湮没在人群中。

不知那时的自己如何自处，不知如何才能如同师姐一样，出门即是车站，送她到了想要去的地方，一片繁华盛世，一片大好前途。

自己却置身于潘多拉的盒子之中，拥有无尽黑暗。

樱子承认，自卑被诱惑而出，自信已全盘皆输，生命里似乎有些不一样的悲观情绪出现，令人困惑不安。

诚然，每个人的成长，都是一段漫长的岁月，在这期间，敏感容易把人挤进昏仄的角落，而在人云亦云中，找不准自己的方向。

2

多年前，我与当时的顶头上司一起参加活动，看她身形款款地穿梭于掎裳连袂的宴会厅现场，衣裙珠璎流转，丹唇含笑轻启，风姿绰约，端倪如画。

不断有人来，与她敬酒闲聊，与她交换名片，老板也拿起酒，对她说："Ivy,cheers."

那时候，只见她一身荣耀，上天真的会宠爱一个人到这个样子：不但生得漂亮，活得也漂亮，权力和利益随手拈来，好不风光。

而当时的我，只身在外，房子是租来的，车子是两个轮的，买一双高跟鞋都要货比三家；别说气场，连置办物件的金钱也无多余。我羡慕地对她说："Ivy姐，等我三十岁的时候，希望能够成为你这样的女人。"

彼时，她正开车，她的苦笑在四个圈车标的对比中显得那么不合时宜，她说："我这样有什么好的？见人说人话，见鬼说鬼话？喝酒喝到吐，一点怯都不能露？外人看着风光，其实我连个男朋友都没有找到，我母亲天天催婚，我自己想结婚都想疯了，可是连个想娶我的人都没有。"

我不信："是你眼光太高了吧，不要那么挑剔。"

她说："每个人都这样以为，事实上，我前几天相亲，是对方拒绝了我，他说希望快速结婚生子，而我算高龄产妇。"

我不愿意再听下去，身为下属，知道太多上司的私事不算好事。她却没有打住的意思，她连连摇头，告诉我，没有人是不流泪就可以到达一定位置的。她这些年，经历过饭局上的性骚扰。领导留她加班欲潜规则；在事业上升期恋爱两年多的男友提出分手，从此分道扬镳郎君向左妾身向右，卫生间里哭花了妆，为了一纸合同在会所喝到吐。回到家，还要听母亲垂泪抱怨，天天这样，哪个男人敢娶啊？

公司与家，是她心中天平的两端，她在生意场上如一个英勇的将军，奋力厮杀，敌兵一个不留，却始终无法让内心归于平衡。

她渴望温暖与关怀，她说："没有人看到，我也不容易。"

那是我听她说过的最多的话。第二天，她重归光鲜亮丽，笑容如花绽，玉音婉转流，那背后所掩藏住的千疮百孔，有的人知道，有的人不知道。

3

那时我不太懂，因为没有感同身受的经历。

我只是有时候看着她精致的妆容就会想，即使人前风光人后荒凉，也没关系，我仍旧想做一个她那样的女子。

后来，人生跌跌撞撞，有快乐，有悲伤，有荆棘，也有阳光，我在遇见爱情的一刹那就走上了与她完全不同的路。

我终究没有成为她，却在即将步入三十岁的这两年理解了她，没有一个光鲜亮丽的女人是容易的，没有一项荣耀是不费吹灰之力就可以得来的。

我们都需要在其中摸索、探究，需要将地上纷乱的石子扫开，才能看清楚这究竟是一条什么样的路，会受伤，会彷徨，会自卑，会担忧，会哭泣，也会犹豫着想放弃。

不论你选择了哪条路，都一样。

事业有事业的成王败寇，婚姻有婚姻的柴米油盐。

多年以前，我羡慕王者，羡慕所有看得到的美好。

多年以后，我不再羡慕任何人，我不再努力地去证明我可以成为她，而是努力地喜欢着我自己；我活得，比从前的自己更好。

我不会成为她，我只会成为更好的自己。

4

在成长的路上，没有人一下子从平地跃上山顶，大家都是做了万全的准备，再经过漫长的攀爬。

只是那年你还不懂，当你懂得了的时候，你才会明白：要走的路，一步都不能省，一步都不会少，她如此，你亦如此；只不过她在你前面，并且比你努力，比你上路早，才有了你想要却暂时没有的一切。

明天会到来，最好的年龄会到来，羡慕嫉妒是一种杞人忧天的情绪，你不相信自己，便无人可以拯救你。

她走过了你没有走的路，也承受过你不知道的苦，她的不容易你不曾见到，所以风光的外表才会看起来格外迷人；其实你想要的不过是一条不必艰辛行走就能睥睨众生的捷径，然而并没有。

村上春树说：每个人都有属于自己的一片森林，迷失的人迷失了，相逢的人会再相逢。

认清自己才是走出迷雾的关键，当你终于沿着自己的路前行，才终会遇见更好的自己。那一天，你知道并且坚信自己有多好，不虚张，不浮夸，不是众人捧，是内心明明澈澈地知道：是的，我就是这么好。

总之岁月漫长，然而值得等待。

成熟，是思维方式的转变

1

有段时间，我弟弟很爱玩游戏。

作为姐姐，我比我妈还要焦虑，万一眼睛跟我一样近视怎么办？不认真学习不好好工作怎么办？跟那些去网吧的孩子一样夜不归宿学坏了怎么办？玩物丧志啊，影响前途啊，怎么办？

只要有机会，我就跟他讲道理：不要走错路，你还年轻，你看那么多事情都比打游戏有意思啊，不如我带你出去玩吧。

我弟总是用“嗯，好”“知道了”“没事儿啊，你别管”这一类简洁词语回答我，然后该玩照样去玩。

事实证明，我的担忧很多余。

就是有一回，他给我买了件挺贵的小礼物，那时他才十几岁，我问他没工作哪儿来的钱，他说，他的游戏号练到了一定级别，就卖给别人了，价格还不错。

我有点惊讶，原来游戏除了往里投钱，还能卖钱?

那之后，他又靠着游戏挣了不少钱，虽然不能提现，但可以买东西。

我渐渐发现，我弟是一个比我有自制力的人。

他在游戏上，金钱和时间的投入，会尽量控制在自己可以接受的范围内；就是说，他不会借钱买游戏装备，不会在时间不允许的时候去打游戏，他爱好，但不痴迷，且有分寸。

也是在那个时候，我开始重新审视自己的思维模式，而后觉得，换一个角度看问题，会有意想不到的结果。

那种感觉很奇妙，像是打开了新世界的大门。

我们习惯以自己的思维，揣度别人的生活方式；尤其是面对亲朋好友时，一言不合就要劝说别人按照自己的理念去生活，总以为自己才是对的，别人的都是要误入歧途的；殊不知，这种片面的观点“并没有什么卵用”。

我不玩游戏，所以对游戏的理解存在误区；甚至，在某些时候，我并不相信我弟，才一再担心他不能管好自己。

后来发现，人都是这样，自己懂得越少，固执越深。

尤其是在自己不擅长的领域，特别容易固执己见。

2

思维模式的转换，就像把家里的家具换个位置重新布局一样，有种豁然开朗、耳目一新的感觉。

在这个过程中，从前的固执模式被打破，慢慢地，会加入很多可以体谅别人的感受，会变得更加理解别人。

能够站在别人的立场想问题，本身就是一种成长。

很多时候，我们固执地坚持自己从前的观念，恰是因为我们对事情本身或者他人并不完全了解，以为对方的生活方式远远“low”于我们，这是偏见。

比如，朋友圈发个状态，经常找一条比较冷门的行业链接转发，再搭配自己的分析；哪怕发自拍，配搭的文字也是想了又想，改完又改，渴望让众人发现自己的独到见解。后来可能就会觉得，其实朋友圈里很多人都比自己有品位，没准是鲁班门前弄大斧呢，只不过没人揭穿罢了。

比如，以前很幼稚，喜欢攀比，什么都要晒，后来内心变得强大，不屑于刷存在感。

以前读书少，逮着一句名人名言能用好多天；后来读书多了，视野开阔了，才知道真正的侃侃而谈是内心有料。

以前很容易看不上别人，在与他人的沟通中，习惯打压对方，觉得自己的观点更正确，然后试图用各种方法劝说对方，让自己的立场阵营达到规模最大化；后来，感觉大家各抒己见的时候，连自己的思路都跟着开阔起来，抛弃闭门造车的弊端，也是一件挺有成就感的事儿。

3

朋友小凡说，随着年龄的增长，觉得自己越来越喜欢帮助别人。

她以前是个比较冷的人，轻易不会主动与人攀谈，更别提去帮助别人了，就是那种自己活得快乐就万事大吉的人，偏安一隅，不喜与不熟悉的人打交道，有些自我。

这种性格，让她在婚姻里吃了不少亏；婆婆有时候会跟小凡老公抱怨，说儿媳妇怎么一副看不起人的样子啊。

本来，依小凡的性格，她是不屑于与婆婆为伍的，总觉得婆婆的思想过于陈旧，代沟太过明显，聊不到一块儿来就别聊了；现在又听到婆婆这样说，便气不打一处来，想着她没嫌弃婆婆，婆婆倒上她这儿来找茬了。

于是抵触心理更加明显，私下里与婆婆一句多余的话都不肯说。

直到有一次，婆婆要去医院看望一个生病的亲戚，恰好那天小凡老公出去见客户把车开走了，小凡想打个车把婆婆送过去吧，谁知婆婆连声说不用，坐公交就可以，有直达的，打车浪费钱做什么，你们年轻人上班很辛苦。

小凡说，老太太腿脚不方便，她多少还是不放心的，婆婆一向节俭，打车死活不让，小凡想了想，就陪着婆婆一块儿去坐公交了。

公交车人很少，婆婆坐在她的前边，两人一路无话。大约走了一半的时候，有一站上来一位大姐，拎了个大袋子，上车的时候很费劲；小凡还没反应过来，婆婆就“噌噌噌”地走了过去，帮忙把袋子抬上来，那位大姐一边投币一边对小凡婆婆说谢谢。

一件很小的事情，却让小凡瞬间开朗，她觉得，婆婆没有她想象中那么不好。

从那以后，小凡告诉自己尝试去发现婆婆的优点，居然还不少。

婆婆有着与小凡截然不同的性格，待人很热心，喜欢帮助别人，人缘不错，邻里之间相处得一派和谐；尽管有时候还是会对小凡老公抱怨小凡的一些缺点，但该对小凡好的时候，是一点都不含糊的。

每次有人看望婆婆送的贵重礼品，婆婆都会往小凡这儿拿，说是让小凡补身体；不厌其烦地叮嘱小凡，别总看电脑啊，对颈椎不好；小凡加班回家晚了，回家能看到婆婆给留的饭，她们并不住一个小区，是婆婆前来做好饭，才回自己家。

小凡觉得，人应该知足常乐。

她对婆婆的态度也变了，从以前的拘谨，到后来的亲密，这就是一种成长的过程。

小凡在婆婆的影响下，越来越喜欢帮助别人，这给她一种充实和成就感。她觉得，原有的固执变成了现今的理解，整个人都变得开朗起来，一切都在越来越好。

换位思考，常常能够帮我们解决一些困局。

4

成长是不经意的，成熟是循序渐进的。

每个人成长的方式不一样，但有一点是一样的，那就是：好的思维模式的转变，才会让你越来越成熟。

当你感觉那是对的、有帮助的，你才能够找对方向，让自己的性格、眼光和办事能力，更加准确到位。

这需要我们通过自身的经历和积累去分辨，也需要不断地提高知识素养，以求跟得上时代潮流，以求让自己无愧于心。

我们对他人的偏见，根本原因是不相信他人，当一个人越来越成熟，他会表现得更加宽容、信任。

大概，这才是更好的生活方式。相信别人，不是每个人都能做到的。

不妨多看看外面的世界，多了解一下他人的生活模式，多听些不同的文化见解。转换一下自己的思维方式，让自己的世界不那么小，观点不那么狭隘；也许，人生会大不同。

格局大一点，走得远一点

1

同事徐徐，最近屈服于她妈妈的高压政策，无奈去相了人生中的第一次亲。

要说到男方的条件，也还不错，有房有车，工作稳定，用前两年流行的一个词来说，是最佳的“经济适用男”。徐徐妈妈很满意，连连称赞，更难得的是，人家对徐徐有意思；于是，徐徐妈妈不断催促徐徐和对方约会，甚至开始筹划起结婚的事宜来。

徐徐大惊，向我们诉苦，原来她已经跟妈妈说过好几次，对那个男子毫无感觉，甚至厌烦；可她妈妈并不听，只说徐徐也老大不小了，别太挑剔。

徐徐说：“真不是我挑剔。”

徐徐相亲的对象姓韩，暂且称他小韩吧。

两个人第一次见面，约在了商场里的一家餐厅。这家餐厅不贵，大众消费水准，人均不到一百块，男方选择了团购。

徐徐的接受能力还算可以，想着自己平时也经常团购电影票、餐券之类的，确实能省不少钱，哪知饭还没吃完，徐徐就有落荒而逃的打算。

小韩在团购好优惠套餐之后，唤来了服务员，一个劲儿地询问套餐里有什么没什么，能不能把现有的换成别的什么……终于确定好之后，对徐徐说，一定要问清楚，不然服务员会少给的，团购的经常挨欺负。

徐徐心想：我倒是没遇到过呢。

然后两个人开始聊天，小韩像查户口一样，展开了半个多小时的询问，这也没关系，徐徐安慰自己，相亲就是这样，促进双方理解。

这顿饭吃完，徐徐本来是没有再见第二面的打算的，可是徐徐妈妈说男方看中了徐徐，希望进一步交流；徐徐拗不过妈妈的一再催促，便想着与对方当面说清楚也好。

结果这次更甚，小韩送徐徐回家的时候，先是带着徐徐来到了街边的水果摊，说要买点水果给徐徐妈妈，让她带回去。徐徐坦言不用麻烦，但没有用，于是就在那等着小韩挑水果。

小韩询问了苹果、香蕉、桃子的价格，对老板说，要的多给便宜点吧。

老板就问，你大概要几箱呢？

小韩摇摇头，一样来两斤。

徐徐看到老板的表情跟她一样，都有些不可思议。

老板说：“我在这儿摆摊好几年了，价格不高的，都很实惠。”

小韩不死心地又问了几句，“真不能给便宜点啊？”“便宜点，经常过来买”“那行吧，给称点”。

徐徐见状，赶忙拿出钱包打算自己付账，小韩连说不用，挡了回去。

可是，徐徐依然领不了小韩的情，在他处处斤斤计较的情况下。

自那以后，徐徐不再与之见面，就此结束了这段“姻缘”。

徐徐说，有些事情小韩做的也不一定是错的，可她始终觉得，一个男人的格局，不应该是斤斤计较的模式。

他的生活并非窘迫，也不需要这三五块钱救急，他是要做事业的人，如果特别局限于这些琐碎的小事，在日后的生活中，两个人将更容易止步不前；在这种锱铢必较里过纠结的日子，那不是她想要的生活。

她想要一个大气、有格局的人。

2

什么才是格局？

我想起曾看过一期《天天向上》，倪萍和赵忠祥是嘉宾。

倪萍说她买东西的原则，是不跟比她穷的人砍价，遇上熟悉的大姐、妹子，葱蒜要送她，她说可不能为了块儿八毛钱，一天都心里不舒服，得付钱。

但碰到比她有钱的，她是一定会砍价的，比如买房子。

倪萍表示，不如自己的就帮帮，没什么。

我其实很赞同这个观点，人一定要知道自己的格局在哪里，你的精力和时间用在哪里，都是看得见的。

你要分得清楚哪些是可以计较的，哪些是不需要浪费时间的。付诸市井残垣之间的斤斤计较，还是海阔天空般的大度，完全取决于你自己。

徐徐的相亲对象小韩，一个男人，困惑于几块钱的纠结里，而这些钱的纠结对他来说，完全是不必要的。不是说我们不在意这区区几块钱，谁的钱也不是大风刮来的；而是说，做人应该知道自己的界限。

长期处于对小事的纠缠中，眼界不会开阔，思维不会拓展，思想不会先进；人就会原地踏步，甚至退步。

因为，这会把自己局限在小圈子里，以为这就是生活。

他会容易陷进琐碎的困扰里，因丢了几块钱难过一整天，因错失一个机会难过一整年，不断在琐碎的挫折里，反复无常，根本没精力去做有助于提升自己的事情，他的世界，只活在眼前。

3

就像工作中，有的人只能做小职员，有的人却可以做到高层。

前几天有个设计师来公司面试，一个三十五六岁的男子，当时我们很有疑问，看他的简历，为什么这个年纪了还在频繁地跳槽？无解；又看到他的简历里工作经验都很充足，便邀请他前来面试。

初试中，人事经理对他说：设计师的工作可能会加班，所以要提前跟你说清楚。

这个设计师问：一般需要加班到几点呢？公司午饭怎么吃呢？是否管饭？公司会给他提供什么样的福利待遇？

设计师十分纠结加班的情况，不断地询问，加班有没有具体的时间，一般都会忙到几点？并表示他查了好几班到公司的公车路线。

他说，加班过了晚上9点或者10点的话，末班车结束，他就没办法回家了。

人事经理安抚他，这个需要看具体情况，其实设计师这个职位都是会加班的，我们也会有相应的加班费和调休，加班回家打车的费用以及加班餐的花费，公司都是可以报销的。但是吃饭都是自己去买啊，除了车间流水线，现在几乎也少有管饭的公司啊。

设计师的问题，我瞬间就明白了，为什么他这个年纪还在找工作，他的眼光，一直停留在夜间的最后一班公交车上。

据人事说，这个设计师还没结婚。

网络曾一度流行“公司没了你照样开，家人没了你会伤心欲死，所以别累死累活地加班了”这种鸡汤，但我告诉你，现实就是，清闲的工作可以按时上班到点下班，但永远不会给你带来升职、加薪。

“没准人家就是喜欢这种生活呢，也不一定每个人都要打着鸡血生活。”同事说。

嗯，我完全同意，不是每个人都要拼死拼活拼一番事业，但一个奔四的男人，担心着加班晚了没有公交车，而不敢打车，你觉得他的日子过得好吗？他对钱没有渴望吗？

我不信他不想过上更好的生活。

如果他要求加班费或者打车报销，这都是正常的，我相信每个人都希望付出与回报对等，可是他担心的却是不敢轻易打车和最后一班公交车。

这说明他的骨子里，是一个容易纠缠枝梢末节的人；这些，都足以导致他年近四十，还在为生计奔波。

如果要让我选择，我一定不想做这样一个人。

格局太小，不能只看眼前利益。加班虽累，但在这个城市里，这个行业的圈子就这么小，你设计的图如果效果好，是不愁被挖掘、被猎头相中、被介绍私活的，任何一项，都能够让他混出知名度，只要他有真本事。

然而他并没有，他担心加班错过最后一班车，他的精力没有用在赚钱上，而用在了省钱上。

一个人的格局太小，路就会越走越窄；相反，视野开阔，做事大气，才能够从中得益，越走越开阔。

我们的路，都是要不断向上走的，我们的要求，都是越来越高的。

不要把精力耗费在小事上，不要只看眼前，不要因为一点挫折就看不开，更不要一叶障目不见泰山，实际上，越是想得开就越幸运。

格局大，才能让你走得越来越远。

在职场上，千万不要做个可有可无的人

昨晚赶稿子到很晚，正准备睡觉，听到微信有消息，是麦子。

麦子是我以前的同事，当初我因为要离开那座城市便提出离职；而麦子则从策划转做项目，她的能力有目共睹，如今已经做到了总监的位置。

我们的关系类似君子之交淡如水，平时不常联系，但如果需要对方帮忙的时候，那也是一个电话的事儿。

所以她发来语音，我猜应该是遇到什么不开心的事儿了。

果然，听完她的多条语音，终于拼凑出了事情的原委。

麦子说，手下有一位下属最近正在办理离职手续，原因是两个人因为工作起了正面冲突。麦子觉得失望，从未有过的失落。

麦子的下属姓罗，称之为小罗吧。

小罗是个二十几岁的年轻人，平时与部门的人相处得也还不错；但工作中小罗却是一个十分没有存在感的人，加班看不到她，会

议室听不到她的声音，做方案也总是拖延状态，连最基本的排版都处于时常错乱状态；给她安排的工作，麦子收到回馈的时候经常叹口气；小罗做方案的水准一直维持在实习生的水准上，并没有什么进步和深度。

关键是小罗没什么上进心，每次指出她工作中所存在的误差和漏洞，她会听，也会改，然而下次仍旧犯；说白了，小罗并未将改正真正纳入心里，过于敷衍。

甚至有一次，她未经总监允许，将做好的方案直接丢给执行，执行以为是终版，便转交甲方；甲方负责人看过之后大发雷霆，直言麦子所在的公司敷衍其项目；麦子一口气憋在胸中，久久不散。

几乎每一次小罗做出的方案，都要经过麦子的各种修改和完善，或者其他人的更改和帮助。久而久之，麦子遇到一些案子时，宁愿亲自动手，也不愿意再经过小罗这一道工序。

时间一长，小罗便清闲下来，哪怕大家加班到凌晨，她也未曾主动提出帮忙，还会很高兴地下班走人，似乎不加班是一件非常值得骄傲的事情。她所负责的客户越来越少，工作量越来越轻，别说只是偶尔来公司视察的老板，就连麦子这个总监，在安排工作的时候都几乎会忽略掉小罗。

这样，小罗的存在感就更低了，去客户那里做对接汇报或者提案的时候，麦子已经习惯性地带部门另外的同事，再没有带过小罗；接到重要客户案子的时候，麦子也会优先分配于其他人。

某次，麦子突然想起小罗，还一度为自己的疏忽感到自责，便尝试将工作重新梳理，合理分配到小罗那里，没想到意外收到小罗的推辞，说这个客户她无法对接，还是分配给×××更合适。

麦子说，于小罗的岗位来看，这个客户在她职责范围之内，完全不存在额外的压力；与他人平均分配，一视同仁，别人可以做到的，小罗却不能。

到最后，小罗手里只剩下两个客户的对接。

于是，才有了开始那一幕，麦子说，这两个客户拿走之后，放到任何一个员工手里都可以，小罗的位置，看上去实在多余。

在我的印象中，麦子是一个非常公私分明的人，且很长情，从她工作六年只待过两家公司就能看出；她轻易不会跳槽，对公司可谓尽心尽力，正是如此，我们这一批员工三三两两地离职，只有她，不但没离开，反而一升再升。

我想，她也一定是对小罗极其失望，才会下了如此决心。

其实，像小罗这样的情况，也时有发生在你我身上。

谁不喜欢事少钱多离家近的工作？谁愿意整天累死累活地加班？谁也不希望工作饱和到没有休息的时候。

但是，这并不能成为你不认真工作的理由。拿人工资，替人做事，公司为什么要花钱去用一个如此敷衍之人？分分钟可以找到替代你的人，不是吗？

一旦混到可有可无的地步，那么，你就离被否定不远了。

在职场里，不是你耍点小聪明就可以，也不是你跟上司交情深就可以，你需要有真正的本事或专业技能。实在不行，你就去拼一拼，努力和认真，用你的上进心来刷存在感，都是好的；最忌讳的就是本领不高，却处处讨清闲。

不要以为老板不知道，即便老板不知道，你的直系上司也会知道，就算上司不了解，你的同事也会清楚：团队没有你是可以的，公司没有你也是可以的；最后，你离开也是可以的。

在我们的环境里，最不缺乏“老油条”式员工，身在职场多年，他们已经十分懂得如何趋利避害，如何做到利益的最大化。

然而，人在做，公司在看。我并不相信，所谓的“讨巧”能够走多远，公司是不会养闲人的。

所以有一些刚毕业的读者问我，初入职场，有哪些需要注意的地方。我觉得，你要努力做到你的岗位不能被代替，如果你本身并无长处，可有可无，那你终将也是那个随时可能被换下的人。

小区的门卫处，以前有一个保安，他是典型的“三不管”，有住户的狗狗找不到，询问他，他一概不知；有快递放到他那里，每次都是被乱放，业主遍寻不见，问起保安，他支支吾吾地说不出个所以然来；有的业主因为小事情出现隔阂摩擦，找他做个参考见证，他答应良久却不见人到场。

如果每次需要你的时候你都不在，那以后也不必在了。这句话，不但适用于爱情，也适用于职场。

业主对保安心存无奈，介于平时打交道也不算太多，只好忍下心中所气。

没想到，过了不久，他便被开除了，听说是因为一次疏忽，造成了业主的损失。

你看，你不认真工作，工作也不会认真对待你。

公司里能够得到重用的人，通常都是“全才”；不是说你会很多技能，而是说，你把公司的业务都吃透了，上到市场拓展，下到规章制度；你的专业，才是你的招牌。

如果你连自己想要什么都不知道

经常会有读者私信给我，让我推荐几本好书。

这样的问题，我都会集中起来，挑选一个不忙的时间回答；因为我需要去询问他们，对什么感兴趣，喜欢读哪一类的，想读的书是要对专业有帮助的，还是业余时间聊以自乐的。

有时候，读者自己都说不上来，只含糊不清地解释：就是突然觉得该努力了，想上进一些，但又不知道怎么努力，想读点书，找找方向。

每到这时，我就有点哭笑不得。

那种感觉，就好像一对情侣出去吃饭，男孩说吃川菜，女孩说太辣；男孩说吃西餐，女孩说太贵；男孩说吃海鲜，女孩说过敏。男孩急了，问你到底想吃什么？女孩说：随便。

一个人，自己都不知道自己想要什么，别人是帮不上你的。

其实，随意搜出一个购书网站，去排行榜、新书榜或者分类榜看看，不难找到自己想要看的书；但我们非要别人推荐，是因为，我们总误以为，别人能够帮助我们成长。

简单点说，就是希望有捷径，能够在他人身上一次性解决自己所有的困惑。

但是，我们总是忘了，只有你自己才知道喜欢看哪类书，别人推荐的未必合你的胃口。就像人生的路一样，你不知道去哪儿，别人连为你指路都很困难。

阿元是一个特别知道自己想要什么的人。

上学时代，她就是那一届高中生里最出色的学生、学习委员，每次考试不是第一名就是第二名，传说中的学霸。

有的同学早恋，有的同学睡觉偷懒，只有她，从来不在学习之外用心思；她说，她一定要考上能力范围内最好的大学。

记得后来我们还问她，什么是能力范围内最好的大学。阿元说，她的家庭条件即便在农村里来说，也算是中下等，连“比上不足，比下有余”都算不上，村子里迷信风气、攀比风气盛行，她唯有多读书，考上好大学才有出路，她不想过早过嫁作他人妇的日子。

能力范围内，是说全国以内；毕竟，她很想去宾夕法尼亚大学读金融，但她也没那个能力和经济条件不是吗？

阿元考上了北京的一所重点大学，学的英语，在众人都以为她的轻松时刻终于到来时，阿元在大学里却没闲着：报社团，参加活动，选修课必上，必修课重复上……如果她没在参加社团活动的路上，就一定在去图书馆的路上。

大三实习的时候，她就已经被五百强的企业录取；毕业一年多，她已凭借自己的能力升至主管级别。

很多朋友都很羡慕阿元，如此神速，如此幸运。

阿元说，其实很简单，就是你知道自己想要什么，然后给自己定下这个目标，为了这个目标去拼；真的不难，浑身都很有劲儿啊，好像明天就能实现了一样。

经常想着自己所做的每一件小事都可能为未来的目标加分，就觉得很兴奋。

不是有这样一句流行的话么：如果你知道自己想去哪儿，全世界都会为你让路。

其实这个选择并不难。

首先，你要知道，你将来想成为一个什么样的人。

你想做老师，想要创业开公司，想当播音主持人，还是做一个漫画家？

如果你不知道，就把自身所学的专业、发展方向、职业规划，甚至兴趣爱好都摆出来，看一看你在哪方面有优势，制定一个可行的计划目标。

比如，你学的是播音专业，那你肯定就是要努力练习普通话，并熟知播音所需要的技巧和标准；再有一个就是，要注意自己的日常形象和未来形象，就是说，不要任由体型随意发展，因为端庄稳重的外形气质也会为你增分。

你想做一个合格的记者，就要摸清这个行业的规则，要把能学习的阶段完全当成实地演习；每次实习都是战场，你只有身经百战，才能旗开得胜。

其次，看看你自己能做些什么。

有梦想是好事，但我们总要结合自身情况，把这个梦想落到实处，总不能带着一腔热血去空谈，要看看它的可行性。

就好比有人想成为漫画家，可他选择的主业是商业管理；这种正业、副业的交织，就需要你自己跟从内心的决定去做判断了。

再者，将自己的目标分解。

记得曾看过一篇文章，是说把自己的未来规划分解开来，比如你实现这个梦想大概需要几年，第五年的时候你需要做什么，第三年的时候你需要做什么，第一年的时候你需要做什么，甚至第一个月你应该怎么做。

这种方法我觉得挺好的，人们总是喜欢拖延遥远的目标，总以为有时间，如果分解到就近需要做的事情上，看上去压力比较小，简单容易，日积月累起来，就能够成为你的优势，何乐而不为呢?

最后，需要坚持。

我们总是感到很迷茫，总是觉得浮躁，不知道自己该要什么；好不容易有了些小目标和憧憬，总感觉几日的努力看不到成效，总会着急。

不要着急，任何事物、任何阶段都可能遇到瓶颈，按照你认为对的去坚持，只要你内心知道你想要的是什么，只要你选择的方向是适合的，是对的，你就相信自己。

就像总有人在问：看了很多不同的观点，到底是应该岁月静好，还是要努力拼搏？在大城市租房度日，还是回小地方安然生活?

任何事情都一样的，如果你自己都不知道自己想要什么，任何人都帮不了你。

很多人拼了命地挤进大城市，也有很多人安逸在小城市。大多数人的北漂，并不会换来华丽的转身，一个机会把握不住，后边的可能都把握不住。

有个朋友，北漂多年，当时北京的房价只有三五千，他当年的存款全款付清一套房子都没问题；可他当时有亲戚提供了不用付房租的房子供他住，于是，他一边扬扬得意，一边觉得钱放在银行里最踏实。结果呢？房价一路飙升，他的钱眼看着从可以全款变成了只能首付。

握不住的机会，从来都是你自己的问题，与人无尤。

其实，只要时间安排得当，生活可以随机转变；重要的，是你想要什么样的生活方式，和什么样的生活更适合你的现状。不是别人一句话，你就开始怀疑人生，任何人的建议都是站在他自己的角度去分析的，不一定适合你。你的生活，要根据自己的情况随机应变。

我们迷茫、困惑，感觉前路漫漫，甚至遥遥无期。

我们不安、焦虑，惶惶不可终日。

是因为内心空虚，没有知识的补充，也没有坚定的信念；不知道自己想要什么，也不知道自己能做什么。

那么，别担心，先好好想一想，你需要的究竟是什么，你要成为一个什么样的人，你能做什么。

毕竟，当上帝想拉你一把的时候，你得让他知道你的手在哪儿。

三十岁的危机感

1

有个朋友，在体制内，年龄三十有三。

与她结识也有几年的光景了，深感她是那种不太喜好功名利禄之人，因此，晋升之路也是遥遥无期；一来她不屑于溜须拍马，二来她家庭条件尚可，经济压力不大，也无须在单位过于用力。最重要的是，她对当时的自己很满意，总是对我们说，比上不足比下有余，已经很好了。

许久未曾深聊，近日有事与她商量，便约出来见面，却看到她憔悴不少，气色不太好，全然没有了从前那般知足常乐的状态，取而代之的是叹气和着急。

是的，她很着急，说起近况，她的语速明显快了起来。

“西西，你知道以前我对你提起过的邻居××吗？她家换车了，路虎啊，一百多万啊，看来她老公生意做得不错，当年他们的房子还是贷款买的呢，现在房贷都提前还完了。

“还有我们单位的小刘，以前跟我一个级别的，结果现在升为副处了；你说我兢兢业业地工作了好几年，怎么就被落到后边了？感觉他能力也不是那么好啊。

“哎，我都考虑要不要也下海从商了，你觉得我开家店怎么样？

“对了，西西，你们公司招不招人，一般都是什么待遇啊？你觉得我现在转行合适吗？其实我挺喜欢现在的工作，但就是拿死工资，我好多朋友都把我落远了。”

她对我说了很多，我唯一的感觉就是她特别着急，恨不得一夜之间暴富，执着于在与任何人的交往中寻找出路。她有点担心，身边的同学朋友很多生活条件已然在她之上；她又有点纠结，不知道该怎么做，才能打破目前的瓶颈；还有一点，她的攀比之心已被勾起，估计暂时落不下去。

其实换位思考下，她的状态，很多人有之。

在最初的时候，大家的起跑线都是差不多的，从象牙塔步入社会，从恋爱到结婚生子；所谓物以类聚人以群分，所以开始时大家身边的朋友、所结交的人，基本是处于一个相对平衡的状态，收入、待遇、三观，甚至存款理财，是不相上下的，是不会引起对方嫉妒之心的。在一个水平线上的人，才能成为不错的朋友，因为没有利益的比较，才不会有心理上的伤害。

你还着房贷，她也是贷款买房；你住西三环，她住东四环；你开中级轿车，她也并没有买高档次车的能力；你老公不帅，她老公也一般……

然而，不知道从什么时候开始，这种平衡突然就被打破了。

也许是在你一边还着房贷一边到处吃吃喝喝的时候，也许是你满足于现状不理会职场钩心斗角的时候，也许是你觉得绷着神经向前太累并开始松懈的时候，也许是你满足现状不断安慰自己说这辈子就这样了的时候。

没想到时代变化如此之快，就像金庸笔下的世界，一次巅峰对决，整个武林就变了天；成王败寇，也不过一念之差。

昨日还一起讨论如何相夫教子的人，转身就成了公司高管；不久前还一起去郊区游玩的人，已经开始了环游世界的计划；本都是外来者，都是贷款在这个城市定居的人，对方却开始着手移民，或者赴美生子的事情了。

差距究竟是从哪一天开始的？

于是，你开始焦虑不安，开始着急追赶，却又苦于从无方向，只好一边抱怨，一边心生悔恨，如果当年……就好了。

哪有什么当年，时光不会等你，也没有等别人。

2

同事的父亲患病住院，医生说情况不太好，他整个人仿佛一下子垮掉了。

那阵子，只见他每次都行色匆匆，不再多开玩笑，整个人都失去了生气；印象最深刻的，是有一天加班，办公室里只有几个人，可能是太累，他趴在桌子上睡着了。

我们要订饭，走过去轻声想叫醒他，问他要吃什么，真的是很轻的声音，比平时正常的语气都要轻一些，谁知他“噌”地就跳了起来，嘴里大喊：“怎么了医生，我爸怎么了？”

我们都有些发愣，继而感到难过，那是一种深入骨髓的恐惧，生怕是噩耗，生怕是悲伤延续，连梦里都没有片刻的安宁。

他的条件本不算富裕，有二十年房贷要还，女儿才一岁多，每个月要吃奶粉，妻子在家全职；这本来是一个其乐融融的家庭，幸福才刚开始就被按了暂停键。从此才知道，时间与金钱，是最强大的敌人。

能够让人瞬间苍老的，是人近中年一事无成的心酸，还有突如其来的变故；生活的考验会让你陷入无尽的失落中，找不到出路。

一边不顾自己的身体加班熬夜，一边担心着父母的身体状况，仿佛往前走的时候，从来都是逆风而行，哪怕再用力，也无法多走几步。

很多80后的现状，是上有父母，下有子女，中间还着房贷，养着车，拼命努力着，却总不上不下，这种状态本已让人焦虑，若再出现什么变故，无疑是雪上加霜。

3

有了家庭的，后悔当初没有在事业上拼尽全力，以至于别人步步高升，自己却止步不前，郁郁不得志。

有了事业的，又想要寻找爱情，懊悔为何大好的青春没有用来谈恋爱，却贡献给了办公室里的黑夜和黎明。

没有去亚马孙丛林探过险，没有见过乞力马扎罗的雪，没去看过外面更广阔的世界，也没有在现实里找到合适的定位。

没有痛快地爱过，没有放肆地青春飞扬过；没有光鲜亮丽的外表，也没有可观的银行存款；没有赢得更高的职位，没有一个贴心的爱人，夫妻不睦，婚姻不顺；没有好好陪过父母，没带他们做过体检，偏偏好的不来，坏的频频光临；变故那么多，一个赶一个，于是压力越来越大，人的负能量也越来越多。

终于，找到一个借口，原来中年危机人人存在，我们是其中一员。

年龄在增长，我们却没有越来越理智，我们参悟不透生活的本质，只能在表面的认知里，挨个数落自己后悔的事情。

这所谓的中年危机，在某一种层面，其实是嫉妒，是不甘心，或饱暖思淫欲。

可是人生苦短，即便人近中年，也是往后的人生里最年轻的时光了，并不晚啊。所以你想要的，还是可以来到；你不想要的，也可以随时放手。

一个同学是医生，他说别人总会问他，是不是都已经对生老病死麻木了。他说不是的，并不是麻木，是对很多事情看淡了。

当麻烦来临时，你不要慌，越慌越难。

境遇中才能练就一个人的成熟，年华老去，本不是焦虑的借口。如果你想要得到什么，从现在开始也不晚；如果你还年轻，真的，别等到三十岁再去后悔，再去跟自己说什么所谓的中年危机。

如果你一直在原地踏步，你的危机感会很强；如果你一直在越走越宽阔的路上，那么，并没有什么所谓的中年危机，有的是你不抱怨更不会愁眉不展的日子。

年轻时常常听到长辈说“比上不足比下有余”，年长后特别害怕“一瓶子不满半瓶子晃”。

不要慌，让我们一步一个脚印地走好面前的路，去挨个解决所有的难题，一切都会过去，都会好起来。

最重要的，是你的心态，和当下的努力。

越往上走的人，越纯粹

曾采访过一位作家，聊到最后，她说，越往上走的人，越纯粹。成功者大多以谦和的态度待人，并且有能力做自己喜欢的事情，不需要迎合他人与社会。

而生于底层忙于生计的人，是没资格追求自我的，因为现实不允许。

对这句话深以为然的同时，却又忍不住感慨，这是一个弱肉强食的世界，你不用心攀登高峰，就只能屈居于山下仰望他人；你不能做自己，只好看着自由、金钱、名利、美好都属于别人。

我不知道什么才算是真正的纯粹，只知道疲于贫贱之中的人无法潇洒任性，哪怕有一丝一毫的懈怠，都可能遭遇洪荒之灾。

十年之前，某城市坐地铁还是五块钱，那时候的五块钱，对于一个月只有一千两百块钱的人来说，无异于是奢侈的。

阿年不敢如此奢侈。

所以他买了一辆二手自行车，每天早起一个小时，穿梭于工厂和租来的房子之间，那时候阿年的愿望是攒点钱，换一辆新的自行车。

十年之后，阿年开着路虎穿梭于各个都市之间，油耗和过路费都成了小意思。

从前一块钱掰成两半花的人，如今成了慈善家，给老家捐款修了马路，并驱车自驾大江南北。如果不是因为太远，估计连国外他都打算开着车去。

阿年并不是暴发户，举手投足之间尽显儒雅之风，他只是更加了解生活的本质。

我对阿年最后的印象，截止于几年前的一场闹剧。阿年和另外一个男生，为了一个女孩儿大动干戈，惊动了当地派出所，寻衅滋事，无法调和。

本来我们也并不算熟悉，那年之后，就彻底失去了阿年的消息。他刻意避开众人的视线，手机换号，连仅剩的联系方式QQ的头像也不再亮起。

直到十年后的今天，老朋友聚会的餐桌前，竟再次见到他，而且西装革履，英气逼人。

聊起往事，阿年毫不掩饰，说当年他打架的事儿被一个老乡告知了父母，父亲连夜坐车赶往他所在的城市，倾尽全部积蓄，偿还了人家的医药费，把阿年带回老家。他的老家，家徒四壁。

好在家人全部身体健康，劳力不缺，缺少的是机遇。

父亲从未想过一向温和的阿年，怎么做出与人结怨的荒唐事，还是因为一个女孩子，以为儿子学坏了，每晚对着院子里的鸡鸭猪狗叹气。

阿年试图跟父亲解释，父亲说：你连娶媳妇的钱都没有，你还跟人家打什么架啊。

阿年沉默，他打架正因如此。

女孩儿不喜欢他，情有可原。他没钱，没城市户口，没房子，没可以养家的工资，也没有照顾女孩儿的能力，他知道自己不配。

可女孩儿那么好，不应该成为被抛弃的那个人，哪怕他不能拥有，也希望有个值得的人拥有她，待她好，宠爱她，给她温暖的爱情，和宽敞明亮的房子。

遇人不淑，女孩儿怀孕了。那个男人却不见踪影，不负责任，不说结婚，除了一再催促女孩儿去医院打掉孩子，再无他话。

阿年等了很久，终于抓住晚归的对方，厮打起来，阿年的拳头狠狠落在对方的脸上，砖头狠狠砸在对方的腿上，对方同行的朋友报了警。

那大概是阿年人生中最不能忍受的日子，同学们笑他意气用事，这样的女孩儿不值得；家里的亲人失望透顶，供你读书之后是希望你能够赚钱养家，不是让你进局子的；村庄里的流言蜚语传得很远，版本各异，有的说他杀了人，有的说他搞大了女孩儿的肚子还妄想家暴，有的说他抢了人家的钱和女朋友。

阿年一度陷入灰色时光。想走却不能走，父亲担心他旧事重犯；想留也不能留，这个狭隘的村庄已对他有诸多偏见。他解释无门，走投无路，日渐痛苦。

是他的母亲跟他说，走吧，出去继续闯，但千万记得别再犯糊涂，你没资本。

阿年说，他感激母亲，深深地把那句话牢记在心。他仍旧喜欢那个女孩儿，哪怕她不喜欢他，哪怕她有了别人的孩子。

只是他再没去以前的城市，而是换了一座更远的。

他去了一家修车厂做学徒，管吃管住，那附近的修车厂不多，所以生意还不错，阿年学得很用功。

他需要钱，需要找到一个理由重回女孩儿身边。

后来，当他的维修手艺已经可以独当一面时，他借了钱，再加上省吃俭用的存款，去租了一间门店，也开了一间小小的维修厂，价格合理，态度良好。很快，附近小区的人洗车修车都来找他，包括买车饰和电子导航仪。

渐渐地，他赚的钱又多了点，于是又找了个车流量大的地方，再开了一家维修厂；再后来，招了几个员工，他从学徒变成了带别人的师傅。

那几年正是金融危机严重的时候，他的生意蒸蒸日上，日子在有希望的路上越来越好，他在三环的位置买了房子。金融危机之后经济崛起，他的房子迅速增值。

他觉得终于有底气了，却再也没有了去寻找女孩儿的决心。他开始觉得，女孩儿不应该是那样子的，不会对一个保护自己的男孩儿连句谢谢都没有，不会教唆一个不喜欢的人去打一个负心的人。

他觉得，从前那种爱慕之情几近消失，这也许是好事儿，他只觉得松了一口气；从此，可以过自己想要的日子，不为别人，为自己。

阿年说，他当时努力的意义，一是想给女孩儿安稳的生活，二是想逃离那个狭隘的家乡。前者并未需要，后者一直让他倍感压力。

今日的农村，已经开明许多，可他当年几乎寸步难行。这件事一度让村民邻居觉得他是个不靠谱的男人，不可能有人把女儿嫁给他，不可能有工厂让他去工作。

总是有人说，一个男人有钱了，就会有很多坏女孩拜金而来，你不变坏，会有人诱惑你变坏。

其实并不完全是，无论男人还是女人，你走的位置越高，你见的人就越好。有坏女孩儿，也会有更好的你从前见不到的女孩儿。

阿年现在的妻子，温婉贤良，经济独立。阿年当初不曾拥有的，如今一一实现。

最让我感慨的是他说：对女孩儿的感觉早已经忘了，最能记住的就是当时村里人的态度，差点让我一蹶不振；现在条件越来越好，去的场合越来越不一样，见到的人的层次也越来越高，才明白有钱确实是好事情，因为我可以做任何我想做的事，而不用像从前一样，被我父亲说没资格，也可以远离那些瞧不起人的人。

就像站在楼上看风景，一楼的总是容易被挡住视线，看到的不过是院子里的树，和不超过十米的空间；而高层的视野，则开阔无比，让人心旷神怡。

我从来不觉得，人一定要拼死拼活拼一个不可能实现的目标，但人总是应该一步步往上走的。

如今的阿年，自驾旅程中约的都是开奔驰、奥迪的人；出入场合都是行业交流会；衣食住行，皆不是从前的水准；最关键的是，他的眼光和品位，已经提升了不知道多少个档次。

难得他不怪从前村里人数落自己，为老家修了路。

阿年说，也并非多高尚，善良是有的，但最大的初衷，是希望给父母长长面子。

这是我听过的最诚实的回答。

人总有懈怠、懒惰，没动力前行的时候，不如爬一座山，看看山顶的风景与山下的风景如何不同；不如掂量一下你周围的人际关系，看看他们是什么状态，是什么品位，是什么眼光。

你是什么人，或许可以从你周围的人判断出来，如果你觉得他们不够好，那可能说明你也不够好，才与他们为伍；若你身边都是值得的人，那么，你必然也是。

有生之年这么短，还没有遇见更好的人，没有做更喜欢的事儿，便没有资格任性；所以要一直往上走，去看你想看的风景，去做一个纯粹的、不必附庸于他人的人。

所有的努力，不过是为了以自己喜欢的方式过一生。

努力须趁早

张爱玲的一句“出名要趁早”，不知被多少年轻人拿来当作座右铭，时刻激励自己。

这句话是否适用于所有人，我无从知晓，但我知道的是，努力要趁早。

在这句后面，还有两句：来得太晚的话，快乐也不那么痛快。

用比较文艺的话来形容就是：等待太久得来的东西，多半已经不是当初自己想要的样子了。

年轻的时候，痛苦和快乐都是被放大的，激情常在，勇于向前的心常在。小小的成就感，能够带来巨大的动力，促使一个人不断地向前走。越年长，激情越少，哪怕再努力说服自己不要老去，最起码心态不要老去，然而也抵挡不住身体生理的变化。从生理机能和心态变化方面来说，人的积极程度将越来越小。

所以，年轻的时候努力，才能带来最大程度上的成就感。

认识一个作者，与我一样，平日工作，业余写作，还要兼顾家庭和孩子。

不是不累的。

尤其是到后来，她的丈夫多次与她沟通，希望她能够多分出一些时间来顾全家庭，毕竟她的女儿还小，需要母爱与陪伴。她的丈夫也希望每日多点家庭的温馨，而不是看她每日写文与排版，构思与敲键盘，家里灶前冰冷，已经多日鲜有沟通。

她意识到写作给她带来成就感的同时，也给她带来了无限苦恼。

她与我抱怨，为什么年轻的时候没有坚持写作？年轻的时候谈个恋爱就什么都不顾了，挂科也没关系，失去工作也没关系，安于现状也没关系，梦想实现不了也没关系。坚持人生苦短及时行乐，看电影到通宵，有情饮水饱。

现在想来，那些时间如白驹过隙，转眼就被浪费得丝毫不剩。

时至今日，她终于能够有机会得以一展抱负，却深知世事难两全。那些浪费的光阴，成了渴望已久的却再得不到的时光。恨不得一天有四十八个小时，恨不得再生出多余的手，完成未完的梦。然而，现实从来不以任何人的意志来发展。

如果能回到单身的时候就好了，她就可以理所当然地将大部分时间用在写作上，她可以倾尽全部热情坚持自己的爱好，而不必瞻前顾后。

她说，她分得清主次，在爱好和孩子的童年之间，她当然要选择后者。可是她如此不甘心，她好恨当年的虚度，以至于造成如今的苦恼。

如果当初努力就好了，如果当年没有荒废就好了，如果以前不那么爱玩就好了，可世间哪有什么如果？

年轻时候虚度的时光，终将变成年长后的路障，在你想要向前走的时候，阻碍，或将断送你的希望。

前不久与同学聚会，听她聊起她的表哥近日在事业上颇为苦恼。

表哥而立之年已过，不惑之年未到。近期遇到一个机会，是他朋友介绍的项目，几乎指定选用表哥的产品，这个项目如果按照公司与公司之间的交易来看，金额并不多，几百万而已。但这几百万如果放在表哥自己身上，那实在是一个无法达成的数字。

表哥的家产，房子一套，存折几万。在日常来看，也算是一个正常家庭的生活，可是同学说，表哥本不该只有这些财产的。

表哥爱玩，结婚之后也不闲着。整日里呼朋唤友，三天一大聚，五天一小聚，朋友借钱从不含糊，与朋友喝酒玩乐的日子，不知道丢了多少本应该合作成功的项目。表哥本来可以事业更成功的，而今，只能将这几百万的项目拱手予人。

其实，若此项目能够做成，他所得到的回报非常可观。可表哥现在没有那么多钱，存款不够，房产不敢轻易抵押，关乎孩子上小学的事情，怕节外生枝。借钱？酒肉朋友能借出多少钱来？他甚至想过去借高利贷，然而一旦失败，妻子女儿将被他连累。

为此，他终日苦恼，睡不踏实。在他这个年龄段，翻盘的机会大概不会再有第二次，可是，他又不敢孤注一掷。

看到没有？首先，年轻不努力；其次，年长多限制。

一个人的时候，自己吃饱全家不饿，做事业也有一种拼劲儿在里面。在面对机遇的时候，往往会有大无畏的精神，这种人比较容易成功。

因为没有负担，没有顾虑，一心要成就一番事业。

为什么谍战片里很多特工和间谍都尽最大努力不被人知道自己的家庭和弱点？因为一旦有了弱点，就会被用来要挟。

用要挟这个词语虽然不大合适，但道理是一样的；一旦身负家庭的责任，我们就容易安于现状，再无奋斗的心思，也会怕家人担心，而无法拼尽全力。

当然，并不是说家庭的温馨不好，而是说如果你的生活条件没有达到你想要的状态，而你又失去了年轻的那些时间，当你年长再遇到机会的时候，你就会失去抓住的能力。

努力趁早不趁晚，更重要的一点原因是，当你的同龄人，甚至是同时起步的同行已先于你达成所愿目标的时候，羡慕嫉妒恨会成为一种极其残忍的打击。

每个人都有攀比和虚荣之心，他们不关心比自己高出多个层次的成功者，他们关心与自己本来处在一个水平线上，却突然高出很多档次的身边人。

这种打击会造成他心理上的失衡，严重者，还有可能会因此失去奋斗的动力。他也许会不断安慰自己，知足常乐，安于现状，但这种知足常乐是建立在他没办法的情况下；他无法追赶上他人的脚步，又不甘心承认自己是个失败者，所以只好不断自我催眠，以期求一点心理安慰。

这种心理安慰不是良性的。真正的知足常乐，是你努力达到自己的目标、得到自己想要生活之后的选择，并不是退而求其次的安慰。

其实，适当的欲望和攀比，反而能够让人前进。

年轻时候不努力，年长时候看到他人超越自己，这是一种非常让人难以接受的状态。为了让自己不处于下风，我们应时刻谨记，莫使时光付诸流水，莫让青春死于安乐。

我想，每个人对成功的定义都不同。

有人需要名利，有人喜欢安定，但无一例外，在真正的生老病死面前，我们都无能为力。

我们唯一可以做的，就是希望花大量的时间和金钱去延长自己的生命，甚至是父母的。

我们成长，父母老去，在生命轮回，从来不对任何人额外恩赐的时候，我希望能够攒下足够的钱，能够让努力变现。虽然我希望我所备下的钱与时间永远不会用上，我希望父母永远康健，但事实就是，我们必须对未来有所准备。

父母不能等，我们自己也不能。

我们存活一世，不能任性地想怎样就怎样，哪怕可以，也不能去做，因为这样不但会毁掉自己，也会失去更多的机会。

我强调努力要趁早，就是希望我们能够在最早的年纪，感悟成功的意义；能够在最早的时间里有选择的权利；能够在年长的时候不辜负自己；也能够在大风大浪里，有勇敢面对困难的能力。

不是没想过放弃，就觉得还能再坚持

在奔三这件事儿上，女人总是显得格外在意。

我们总是提倡，不必拿年龄来说事儿。你看六十多岁的赵雅芝依旧保持迷人风姿，重要的是要有年轻的心，要放宽心胸，要懂得保养适宜。可是，每年一度的生日，身体机能的逐步缓慢，熬夜再也不能任性而为之，出门要化妆的脸，无时无刻不在提醒着你，确实年龄大了，确实没有了二十来岁的激情和热情。

这一点，在做事容易止步不前还是要坚持之间显得格外明显。更重要的是，很多女人在这样的岁月静好里，屈从于现实，对很多从前热爱痴迷的事情变得敷衍起来。

仿佛现世安稳便是人生所求，再如，上学时代的一般积极主动地追求自己想要的事情就成了可望而不可即。生活逐渐走向没有太多欲望的标本，那些曾经想要做的事，就都散了吧，谁要过得那么累呢？

闺蜜说，她觉得累一点挺好的。

作为一个职场妈妈，她身上背负了很多女人穷其一生都做不到的坚忍，孩子一周岁之前，她的生活基本处于“在路上”的状态。

她是母乳喂养的忠实拥护者，九点去公司，十一点半匆忙驱车回家喂孩子，下午一点半又赶回公司忙碌工作，实在脱不开身没有办法的时候，就让保姆或者家人把孩子抱来公司。最后，甚至用上了挤奶器，贮存一部分母乳在冰箱里。

疲惫成了生活的常态，甚至连婆婆都看不下去了，劝她说：不如就戒掉母乳吧，反正一周岁也差不多了，来回跑太辛苦，看你都累成什么样了。母亲也来做说客：辞职在家看孩子吧，又不缺你这点钱花，女子无才便是德，差不多就得了。

闺蜜闻言还与我说笑：怎么别人家的矛盾到了她这里轻易地就成了反转？婆婆与母亲的建议倒像是应该反过来一样。

闺蜜说，还没累到那个地步。

她就这样坚持了两年。两年之后，孩子戒掉母乳，再不必总是奔走于路上，终于可以安心地上一天完整的班儿，她自己都觉得松了一口气。

原以为她从此过上了王子与公主般恬静安然的生活，好好地做个贤妻良母，职场上有所建树更好，没有也不会引起什么重大波澜。谁想到，再会面的时候，她的档期已然比从前排得更满。

她在职场的位置已然是管理层，手下有四五个姑娘，三两位男士。她走路腰板挺直干练有加，高跟鞋走路上掷地有声，鲜艳的口红昭示着她已不是从前单纯的小姑娘，文可做方案，写报告，开会连轴转；武能左手抱孩子，右手拎十几斤的水果蔬菜走两公里。

然而这并不是她生活的全部，在此之外，她还加盟了一个品牌服装的连锁店，入驻商场女装楼层最显眼的位置，成了真正的老板娘。

这个女子，完成了家庭与职场之间的平衡，并在其中寻求了一条可持续发展的道路，从一路荆棘，走到津津有味，最终豁然开朗。

我曾以网络流行的段子跟她开玩笑：努力肯定是累的，但不努力就很舒服啊。

她说，是的，不努力特别舒服，眼看着别人每天优哉的模样，她不是没有怀疑过自己的拼尽全力是否有意义。

是有意义的，当她有更多新鲜话题可以与儿子畅聊，而不是止于对孩子的唠叨和责怪里的时候；当她以身作则被儿子称赞漂亮优雅，而不是穿着拖鞋和没有熨平的大妈型外套出门的时候；当她与先生去欧洲旅行夜晚喝点红酒聊股票和投资，而不是只说东家长李家短的时候，她会觉得不能放弃，自己还可以再坚持，生活还可以过得更好，还可以按照自己想要的模样再次开花，以执着，以热情。

这并不是特别励志的事情，在她奋斗的过程中，历经众人的白眼和不支持，也一度因为得不到理解和怀疑是否应该选择安稳一点的日子而哭泣。只是黎明到来之前，她又再次下定决心，誓将温柔的磨炼进行到底。

没有谁可以靠着一个信念坚持到底，总会有无数次想要放弃的时刻。

我是在做自媒体之后，才意识到生活是如此忙碌的。

女子本弱，更添矫情。加上我自小不曾经历人间风雨，父母宠爱，唯一的弟弟也多数时间都让着我，惯着我。成年以来，更是嫁与了一个将我当作女儿来养的男人。最难以忍受的疼痛是麻醉之后的剖腹产，最苦的阶段是考驾照练车时候的风吹日晒。

一个这样的我，在公号粉丝一夜暴增，并接到软文约稿、广告推广以及出书邀请的时候，在每每困到顶不住要靠咖啡提神甚至熬夜写字的时候，在最初无法平衡时间以至于对儿子陪伴过少而心生愧疚的时候，也曾想过要放弃。

放弃多么容易啊，只要公号不更新文章，不做排版配图推送，不接广告，不接约稿，不再与编辑签订出书合同，分分钟可以回到从前的小日子。守着日出日落，吟诗作赋；守着一桌饭菜，一眼望到余生。

没有波澜，就代表着没有好奇与发现。既无风雨也无浪的生活，朝九晚五不忙不累的生活，闲暇很多不曾加班的生活，一点趣味也没有。

合作伙伴中有个女人，典型的天不怕地不怕作风。前不久生了二胎，我去看她，从我进门到我离开，她一直在接电话，一个躺在床上坐月子的女人，没办法出门，只好远程遥控。我劝她把生意交给公司的人去做，交给老公去做，自己这么拼做什么，累不累啊？

她笑：一些大的客户必须要亲自对接的，没办法，确实挺累，做梦都在签合同，也想过要不就不做这些生意了，反正坐月子有理由，丢几单也没什么。但是下一秒就又想，不做可不行啊，孩子需要奶粉、纸尿裤，安全座椅也不可少。

这不，孩子才刚满月，她就跑去外地出差了。

另外一个女性朋友要减肥，她的体重用她自己的话来说就是已经算得上滚圆了。她誓言一定要瘦下去，每晚坚持夜跑并睡前做二十分钟平板支撑。结果第二天就会与我们诉苦，不想坚持了，太累。

可是一想到商场里看上却穿不上的裙子，一想起男神都爱身材正好的女子，一想起自己照镜子的时候嫌弃自己，便决定再试试；说不定哪一天，运动见成效，就能得到一个特别好的结局。

真正的生活讲求细水长流，没有人一下子从贫穷成为百万富翁，都是经历了千疮百孔。你看他光鲜亮丽风头正劲，可能在他的背后，也有无数个需要熬一熬的寒冬。

那些寒冬，熬过去就能看到柳暗花明和明媚的春天；熬不过去，就只有冻死在荒凉的街道上。别说春天，连黎明都看不到。

等一切水到渠成的时候，你大概都不曾想到，原来你也可以如此强大。那些坚持终将会变成值得，那些不放弃的努力，一定会成就你。

不是没想过放弃，就觉得还能再坚持。

坚持一点，再坚持一点，也许前方就有彩虹出现。

02

伴初心一起成长，在失败中感悟人生

每个人的一生都不可能不犯错误，

没有完美的标本，

也不可能有一直畅通无阻的路，

我们都是在摸索中进步的。

更多时候，

我们需要相信自己，

给自己一些勇气和信念。

人生最大的错误，是不断担心会犯错

有段时间，我做事情没什么主见。

不敢尝试新发型，怕理发师剪完不好看，长发飘飘的感觉再无法还原了。尽管同事时尚流行的短发一再吸引着我，但我仍旧下不了决心。

每天在公司，我都会跟她聊几句，一会儿说你晚上陪我去吧，就找给你做发型的那个理发师，就要你这款；一会儿又说算了，我不敢冒险，好看是好看，没准不适合我呢。同事在我的纠结里连着换了两次发型，我却始终没有去剪短，我担心无法驾驭。

在与人交际中，我也全然没了从前的侃侃而谈，反倒是奉行“言多必失”的理论，把自己关在一个狭隘社交的世界里。担心说了不该说的话在孩子同学的家长面前失态，担心聊起不该聊的话题让彼此陷入尴尬，担心做了话题终结者，担心领导觉得我的意见不重要，担心长辈们觉得我不够稳重。

于是，就越来越沉默。

对孩子的教育犹豫不决，蒙氏教育还是传统的幼儿教育？兴趣班报益智类的还是特长类的？这本来是正常的，但我那时更倾向于找出每种育儿理念的缺点，并想象这种缺点可能会给孩子造成的不良影响，最终把它们一一否定。

遇见事情也不够果断，秦先生投了一个项目，我就会很怀疑，不时地跟他说可能出现的不良后果，一会儿怀疑甲方不能按时结款，半路资金链断裂，或者尾款拖延；一会儿怀疑这个项目是否能够赚到钱，别虚晃一阵，最终为他人作了嫁衣。

秦先生笑我胆子越来越小了，我也觉得，自己失去了往日的干脆，做事情畏首畏尾。

一再纠结于未知的结局，把世事想得过于复杂；一再担忧出现不能承受的后果，顾虑重重。

我甚至还觉得，固守于一方安乐的小天地也没什么不好，人生就是要安稳度日嘛。波澜不惊，自得其乐才是最好的状态。至于大风大浪，最好不要有，永远不要有。

但我后来仔细回想，发现生活也并没有达到最好的状态。我不敢尝试新发型，却每每见到短发流行款就心生羡慕；我没有参与到朋友们的交流中，却也深知自己目前的圈子太小；我纠结是否该同意秦先生的投资，却又觉得应该相信他，也期待着好的回报。

我想起在这之前的时光，全然不是这样。那会儿我还年轻，正是胆大张扬的时代。

我拿出所有的存款去加盟一家快餐店，开服装店想锻炼自己的穿衣品位，果断从内陆的京城逃离到沿海城市定居，后来，还跑去注册公司创业。

我那会儿多雷厉风行，想创业就去创业，想上班就立刻着手找工作。累了就回家做全职妈妈，愿意折腾了又重新策马而行，我崇尚快意恩仇，既要柴米油盐也要把酒言欢。我讨厌与别人一样，致力于认真地游戏人间。

我忘了那些勇气从何而来，带着金戈铁马的豪迈；也不知道后来的固守现状是从什么时候开始的，只想留住眼前的美好，害怕发生各种变故影响岁月的安稳。

可是如果人生不一步一步往上走的话，还有什么意义呢？眼前的日复一日年复一年，不过是复印机里打印出的纸张，每张纸上写的都是一样的话，连新鲜的图片都没有。

终于发现，我的故步自封成了一场退步。我相信每个人都有迷失的时刻，就是忽然不知道自己想要什么，沉迷于小世界里，坐井观天。我不愿意变成那样的自己，我想找回从前。

我去拍了一套写真，用了一套假发，结果照镜子的时候感觉非常好看，拍完之后我就去找了之前联系过的理发师，做出来的发型效果很好，甚至比长发的自己还要深得我心。

任何教育都是有利有弊的，取众人之长，补自己之短。我从另外一个角度去看教育的优点，而不是缺点，突然间豁然开朗，身体力行的教育远远比纸上谈兵正确。

秦先生的投资取得了良好的回报。我松了一口气的同时，又觉得我这种小女人心态还是应该尽量改正一下，成大事者不拘小节，如果我不能帮助他，最好也别去给他灌输负能量，别去拖他的后腿。退一万步讲，真失败又如何？大不了把钱赔进去，从头再来。

俗话说得好：“饿死胆小的，撑死胆大的。”

担心犯错，往往更容易犯错。

有个朋友，自己开公司的。从最初只有夫妻二人档，到如今员工上百人，在我眼里，她是女强人的典范。我很佩服她。

如今她身价颇高，但即便是小单子她也不放过，她在事业上的能力让我深深觉得女人和女人真是不一样。

她性格比较大大咧咧，却在诸多项目投资方面都很果断，很少拖沓。一个项目能不能做，值不值得投钱，她的判断能力非常强。

有一次与她吃饭，问起近况，她坦言有个项目没赚钱。

耗尽了人力、物力和精力，没赚钱等同于赔钱。

我说，早知道不去做就好了，都不如放在银行生的利息多。

朋友大笑：哪有那么好的事儿啊，不去做怎么知道会赔？当初是抱着赚钱的心理去的，没准就赢了呢？这种事都这样，你得做，才能知道结果。

她很少懊恼和后悔。她总结了这次经验，以后哪种类型的项目不好做，因为甲方和集成商之间会按照什么样的流程操作；哪是利哪是弊，她都做了分析。

我由衷地觉得，她的格局是真正的事业；我的格局，大概就只属于工作。

她并不在意蝇头小利，不介意摔跟头，更不把时间浪费在日常生活的琐碎中。所以她能成为一个公司的领头人，所以她的身价能够迅速增长。

最重要的，是她敢。

敢于尝试，敢于试错，敢于在不断前行的道路上坦然面对失败；胆大心细，说的就是她这种人，注定能够成功的人。

担心的事情太多，大脑都形成了紧张模式，情绪反应能力固守着原有的机制，越担心犯错，越可能犯错。

其实担心犯错的人，是不自信的。

他们总是会想到，自己的能力也许与目标并不相配，然后就过于悲观地想到最糟糕的局面，从而心生退意；这本身就是一种消极的自我暗示。

一个纠结在小事和小错上面的人，如何能有更大的格局？太过于畏首畏尾，最终必将一事无成。

每个人的一生都不可能不犯错误，没有完美的标本，也不可能有一直畅通无阻的路，我们都是在摸索中进步的。更多时候，我们需要相信自己，给自己一些勇气和信念。

当你做好了一切准备后，就不必再担心犯错。

马云说，他人生最大的错误是创立了阿里巴巴，工作占去了所有的时间，言语之间颇有些悔不当初的意思。

可是，如果重新来过，他，不只是他，如果给我们这样一个创办自己品牌的机会，每个人都肯定还是先选择去实现吧。先创立一个阿里巴巴，你才有后悔的资格。否则，你最后悔的，大概是本可以创立一个阿里巴巴，却与财富地位擦肩而过，仿若南柯一梦。

那样，才是最大的错误。

每一个凡人的肉身都有硬伤

什么才叫作一帆风顺呢?

当部门来了一个90后小鲜肉外加富二代的时候，整个公司单身的姑娘们都沸腾了。

有的一大早跑上楼来，心不在焉地接杯水，找几个话题与我们聊啊聊的，最终无话可说，才舍不得地离开；有的干脆过来跟小鲜肉开玩笑，试探地问帅哥有没有女朋友啊，没有的话我毛遂自荐一下。

大家心里都知道，不过一场玩笑，小鲜肉也从不当真，都是有玩笑就开下去，不让对方尴尬。

小鲜肉叫吕帅，果然，名如其人。

我们从人事那里听到的第一手资料，就是他的命运，一路畅通。

吕帅身在富有之家，父亲生意做得很大，母亲又是知名医院的副院长，强强联合的父母，造就了他的富二代身份。

他十七岁就开始出国留学，如今归来度假，父亲见他整天无所事事，便托了关系来我们公司实习几天。

吕帅为人爽朗，大概是吃喝不愁，日常相处中，风度翩翩。夏天炎热，他时不时地带上来些雪糕或者饮料，小姑娘们的心啊再次沦陷。

为人处世里，也总能见到他的闪光点。不计较，是自己的责任就扛下来，不是自己的责任也不介意扛下来。积极主动，再加上思维活跃，简直是个众多厌倦工作的人中的奇葩。他看上去那么热爱生活，连蛋糕公司送来试吃的蛋糕，他都跃跃欲试，吃完后还不忘满足地叹气。

真单纯，真美好，姑娘们如是说。

有钱人家的孩子就是不一样，想必从来没遭遇过什么挫折，从来也不用为钱发愁，都是要什么有什么，所以才养成如此乐观的性格吧。

吕帅说，哪儿啊，他从前很忧郁的。

父母没时间陪他，他十七岁以前的日子都是跟保姆和司机度过的。及至出国，他最舍不得的也不是他的父母。国外人生地不熟，他曾一度陷入恐慌，幸运的是，他遇见了一个人生知己。

女孩儿何其温柔，宠爱他，理解他，宽慰他，对他说人要快乐一点，好运才垂怜；对他说父母不易，想给他更好的物质条件却忽视了精神层面；对他说你真好看。

在吕帅最惊慌失措的日子里，女孩儿带着万丈光芒降临，那么美。丘比特的箭伴随着这样的美丽而来，吕帅说，他沦陷得非常彻底。

年轻人之间的爱情美好到不敢言说，生怕是泡沫。可是，哪怕不说，它如果是泡沫，就一定会破。

女孩儿是去美国治病的，不是什么绝症，却足以让她失去做母亲的权利。她不敢给他承诺，他更不敢，他的家族不会允许这样一个女孩进门，她的家庭也不可能让她百般委屈。

像极了电视剧里的故事，有人随手就扔掉的东西，有的人穷其一生都得不到，两个人在痛苦中异于平常地理智着。

吕帅说，他无法承诺一个没有结果的将来，他才二十岁，现在自己不在意的，将来会不会仍旧不在意？他爱她，却不敢保证多年后仍旧爱着这样的她；更不敢确定，在以后的人生里，他们会不会因此而频频吵架，感情将不复存在？他恨自己懦弱，承担不起这样的责任。

这个故事，只有我们部门知道，大家心照不宣地从不对其他部门的小姑娘说起，每每看他插科打诨地开玩笑，每每听他与我说“西姐，你看我给你提供了一个故事的素材啊，你得请我吃雪糕”，我都会觉得他心底有太多悲凉，无人可诉，还没好好开始就结束的赌局，是他每每聚餐之后的烂醉如泥。

你说上天是公平，还是不公平？他给了你一些你看不上的东西，拿走了一些你觉得很重要的东西，可能是亲情、爱情，可能是金钱、名利。可不论哪一样，都在一一言明，不能给你一帆风顺。没有谁的人生是一帆风顺的，每个人都是被上帝咬过一口的苹果，有的看不出来，有的过于明显。

我们都是凡人，情场失意职场得意的戏码太多了，以至于大家对别人的苦痛居然都有了透彻的理解。他外表光鲜亮丽着，内在呢？是否残缺不全？如果他内里出类拔萃、熠熠生辉，他外表是否百拙千丑、其貌不扬？

或许，每个凡人都有硬伤，在你看不到的地方，遵循世间万物守恒的原则。你不知道他的痛，他也没见过你的伤，但这不代表我们没有。

我们哭泣时会想，为什么别人一年四季都笑得阳光灿烂，这不公平的生活即将摧毁我所有的建设，不甘心随之而来。

我们欢笑时会想，他一定过得不如我好，否则朋友圈为什么只有寥寥数语，还都是伤感的文字？

我们失意时又会想，“怀才不遇”这个词语必定是为自己设置的障碍。你看他，衔着金汤匙出生，见惯国际风起云涌之势，已不屑于谈论眼前的蝇头小利，他见过阿尔卑斯的雪，他的邂逅都是与名媛。可你连哈尔滨都没去过，你想看一场雪，要等这个南方小城百年不遇。

可是，你最终知道，没有一个人只靠着光鲜亮丽就能过一辈子。高高在上如他，也有着你不懂的苦难，你所拥有的，你不在意的，也许是他可望而不可即的。

我们很少真正懂得“珍惜”这个词语的含义，我们只是在朋友圈里晒晒口号，抒发着慷慨激昂的斗志，说着通讯录上几百几千人都可见的情话，却在转身之后，忘得一干二净。

这样不好。

很多人身上都有伤，你不是唯一的伤心者，上帝也不可能专门为你开拓一条康庄大道。既然如此，你的悲伤也并不在别人眼里。

化悲愤为力量，不是一件特别难的事儿。你只要明白，我们都是凡人，都会经历七情六欲甚至大喜大悲，都会面临死亡，都有困惑和不解。世人皆如此，不如暂且放宽心，看看自己，还有什么可以做，还有什么可以让你提起精神头儿来，以全身心的备战状态对抗这世界所有的冷漠和无趣。

所以，你伤心过度的时候，不妨告诉自己一声：好了，醒一醒，该去征战了。

忙于采蜜的蜜蜂，无暇在人前高谈阔论

我曾经有一个同学群。

当然，大家都有同学群；这个群是关系比较不错的一批同学，建群的目的一是联络感情，二是互相鼓励。

那会儿大家都刚踏入社会不久，领到手的工资连缴纳个人所得税的边儿都挨不上，住着几百块钱的隔断间，吃着街边便宜的麻辣烫，挤着经常挤不上去的地铁，平日里总忍不住愁眉锁颜。

好在物价还算可以，淘宝买到的衣服也能穿，实在不行，就只能对父母开口了；于是群里诸人纷纷感慨现状难挨，纷纷表示“革命尚未成功，同志仍需努力”。

有的打卡分享自己每天行踪和正在努力做的事，以示虽然世事艰苦，但自己从未放弃。

有的每天更换群公告，提醒众人和自己，理论、鼓励与实践相结合，不信做不到，不信打不出一片天地。

还有几个，在群里从早聊到晚，半日不看群，聊天记录就上千条，从文艺复兴聊到中国上下五千年，从世界未解之谜谈到减肥计划为何会失败……嬉笑怒骂，半真半假，置身于其中，仿佛这个世界所有的热闹都在此，别的困惑与无奈都能暂时放下，好一片太平盛世。

这其中，有那么一两个人，几乎不参与群聊，只在有人询问事情时他们才会出来聊几句，说完该说的，立马进入潜水状态。

很忙碌的样子，很高冷的感觉，有同学问：喂，你们怎么那么忙啊？一点群聊时间都没有吗？出来联络联络感情啊，大家同学一场，友谊是需要维持的。

有时候能得到回应，但大部分都是自说自话，不出来聊天的照样不出来聊，于是很多同学转身嘀咕：也没见他们功成名就啊，整得比大明星还能摆谱。

不喜欢聊天的同学皮肤特别白，所以大家都称呼他为小白。

小白不怎么聊天，朋友圈发得也少，为数不多的几条，都是与他工作有关的。这样，群聊的热情持续了多久，小白的高冷就扮演了多久。

直到有一次，我去参加一场活动，偶遇小白，两个人笑说好久不见，便约了一起吃饭。那会儿，我才知道，他每个月的收入已经超出我们数倍，他说，打算买车了。

席间听他侃侃而谈，我说，你本来是个挺爱聊的人，在群里怎么不说话啊。

小白笑起来说，他没有传说中的那么高冷，只是白天上班，晚上经常与客户吃饭或者研究与工作有关的资料，没什么时间聊天，确实比较忙；再说，他觉得群聊太浪费时间了。

不是有人说要沟通感情么，我记得我还问过他。

小白说，他真有什么事儿或者有机会推荐给同学的时候，都是直接打电话，群里有几个跟他关系很好啊，也经常出来聚聚什么的。

“我确实很忙啊。”小白说完，像小孩子一样伸出手指，比画他究竟在忙些什么事情：首先是工作，小白是一家私企的主管，私企不大，小白手底下也只有两三个人，但胜在时间自由，经过他们团队的努力，公司产品销售额还不错，当然这不是最重要的，最重要的是提成可观。

想真正地培养感情，只在群里聊并没有什么用。小白说群聊不如跟女朋友约会，或者带父母出去吃吃饭，他跟不错的哥们儿想聊的时候就约个大排档或者去打球，想怎么聊怎么聊。群里的关系太虚假，有人求助他能帮一定帮，但要是整天耗在群聊上，哪有时间去完成自己想要做的事儿?

不久之后，就听说小白买了车，中级车型，不算太好。可在同学之中，不靠父母买车的人，寥寥无几，而且那是他参加工作的第二年。

其实，这样的人挺多的。一门心思地努力工作，赚钱改善生活，从来不侃侃而谈，也从来不向众人宣扬自己的目标和斗志，只在众人看不见的背后，铆足了劲儿，拼命往前冲；他知道什么是最重要的，他知道要得到必须先付出，他也知道什么时间该做什么事儿。

那些曾在群里打卡的同学，那些曾放言要改变人生的签名，最终都黯然淡下去了，做不到的话，都变成了夸夸其谈，变成了思想上的巨人，行动上的矮子。

因为豪言壮语是不用担任何风险的，也不必负任何责任。反正是自己的事情，旁人也不会催促你说“喂，你的计划没完成，快加把劲儿啊”，也不会有人站在你身后不遗余力地推着你前进。

只说不做，带来的除了原地踏步，别无益处。

读万卷书，还得行万里路。

理论与实践相结合，才能出真知。

在微博上看到过一个话题：假如给你五百万，你要怎么花掉这笔钱。

有的说，先辞掉手里的工作，旅行一段时间回来再规划人生。

有的说，买套房子，换了车子，开游艇，吃西餐。

还有的说，这点钱在北上广根本不够用的，如果给他，他先享受一下生活。

评论里的答案五花八门，多的是人在这里抒发自己有钱人的梦想和渴望，仿佛那并不是五百万，而是全世界。

也有的人说，与其在这讨论没意义的事情，不如想办法去赚够这五百万。

可大部分人讨论、热议完，又去刷另外的话题或者寻找新的能够调动神经乐趣的新闻了。

刷完微博，刷朋友圈，看完电视剧，再看电影；一边说着没有到不了的明天，一边幻想着功成名就，却只是舒服地睡一觉就到了明天。

有一句非常流行的话是这样说的：以大多数人的努力程度之低，根本轮不到去拼天赋。同样的，以大多数人的只说不做而论，得不到自己想要的东西也是正常的。

总听见有人说做事情是很累的，想想就好了。总觉得这些人一定很年轻，还没看到以后的生活，现在不努力做事情，以后的人生会更累的。

我想，没有人会喜欢浮于表面却没有实际能力的人，你不喜欢，为什么自己还要去做这样的人？道理你都懂，你想要过什么样的人生？

忙于采蜜的蜜蜂，无暇在人前高谈阔论。

幻想，不会得到想要的明天。

真正的宽容，是体谅他人有苦衷

1

与好姐妹阿瑜吃饭归来，又陪她去了一趟老房子。

阿瑜的老房子所处位置不错，交通便利，周边生活配套设施齐全，小区出门右拐不远便是市内有名的大学，傍晚时分走过去，随处可见青春靓丽的身影穿梭于这里，好不热闹。

听阿瑜说，租住她房子的是一对母女。阿瑜称呼对方为许姐，许姐的女儿去年升入小区旁边那所大学，但因为谈恋爱导致几门功课都挂了科，许姐焦急，索性千里迢迢赶来，开始了陪读生涯。

这次过来，是因为许姐打电话说，卫生间有一处墙角坏了，这处墙角里正是污水管道，许姐担心管道露出来总有些不卫生，希望阿瑜能够帮忙找一找物业或者维修人员过来看看，把墙面修好。

阿瑜去卫生间看了一下，对许姐说：已经跟维修人员联系过了，大概下午三点就会有人过来，你放心。

许姐连忙道谢：哎，多亏你过来一趟，不然我也不知道该找谁。

阿瑜笑着说应该的，我已经跟维修工说好了，他修完会来找我结账，这是老房子，总有这样那样的问题，也难为你们了。

许姐连连摆手：使不得，我住着用坏了的，当然是我来付钱，这个你可别与我争，我就是不知道该找谁，不然也不能麻烦你跑一趟了。

许姐热情，又拉着我们唠了会儿家常，我们这才出门离开。

到了车上，阿瑜特意打了个电话给维修工，大意是：下午的维修，不要收租户的钱，现场看了具体情况定了多少钱之后告知一下，阿瑜会用支付宝把钱转过去。

我夸赞阿瑜真心善良，阿瑜说，许姐也不容易。

许姐的家乡离得挺远，在那里，孩子考上大学是件喜事儿。谁知道女儿见识了城市里的花花世界，人也跟着虚荣起来。不久便找了个条件不错的男朋友，整日里吃喝玩乐，无心学业，这不，成绩一落千丈。

许姐在家里鞭长莫及，从别人那里听到还有“陪读”一说，便赶紧来到这里，试图拯救不思进取的女儿。许姐先是找到中介，然后才见了阿瑜，在这之前，许姐已经找了两天房子。

阿瑜心软，听到是一个母亲不辞辛苦的故事，便把房租降了几百块钱，许姐感激。

我忽然有些感慨，见惯了因为租房闹得不可开交的房东与租户，也听过不少房东无故涨租金、租户损坏各种家具的新闻，阿瑜跟许姐的相处模式倒是让人觉得有些稀罕。

待人接物，总能站在对方的立场去考虑；出现问题，总能寻求到最好的解决之道；遇见事情，心存宽宥他人之心。

所谓大气之人，当如是。

2

想起沫沫姐。

沫沫姐位居领导之位，却从不行使领导特权。

身为一个领导，总是避免不了要面对下属的各种突发状况。有的同事做出的方案没有让甲方满意，她连夜陪同更改，没有盛气凌人的批评，也没有过度的指责，反倒是同事修改至深夜，沫沫姐得知以后，逢人便说，这个女孩儿改方案改到凌晨四点，真的很努力。

她善良，总是去发掘别人的优点和长处。

之前办公室有个小姑娘要辞职，正式离职的前几天，沫沫姐身着一袭长裙而来，小姑娘连连称赞这款裙子好漂亮，忙不迭地问沫沫姐在哪里买到的，她也要去买。结果听到了价格和牌子之后，眼神就黯淡了。

小姑娘年纪轻轻，家庭条件一般，日常打扮也均是大众水准，无法奢侈到花半个月工资去买一条裙子。

沫沫姐纠结良久，在小姑娘正式辞职的那天，将裙子送给她。

有姐妹劝说她，你也大方得过度了点，一个要离开的人，还对她这么好，哪里值得。

沫沫姐说：也没想过值不值得，毕竟大家曾经相处得很好，只是不忍心看着姑娘遗憾，她那么年轻，正是应该打扮自己的好时候。

我最开始认识沫沫姐的时候，也一度以为，大约是有钱人的习惯，对物质上的东西都看得不甚重要，反正家里不缺嘛。可是相处得时间越长越发现，她是真的不计较，她送别人的衣服，都是未穿过的，上面还带着标签，她说："我妈跟我说，不要把自己也不喜欢的东西送给别人，这是对别人的不尊重，你送的应该是你觉得好的。"

家教如此，为人怎会差？

她也会与我们说，公婆看孩子又做饭不容易，她时常提醒老公，要对待公婆好一点，公婆所分担的其实很多是年轻人自己应该承担的责任，如果你没做到，就应该谢谢他们，而不是挑刺儿找茬儿。

家家都有婆媳问题，但沫沫姐家极少。

我一直知道她是个特别宽容的人，理解他人的苦衷，那种气质绝对是良好家庭教育的典范，如果非要特定找出一句话来形容，大概就是她身上有一种力量，让你觉得温暖。

3

宽容这个词语，被用在很多大的事情上。

比如，曾经伤害过你的人，不配得到你的原谅，你可以无视他，可以不搭理他，但就是不必对他宽容。

比如，很多女人被劝：丈夫赚钱养家，遇见应酬，醉酒逢场作戏，甚至夜夜晚归，你也应该体谅一点，宽容一点；毕竟他也是为了这个家，为了你和孩子有良好的物质条件。

再比如，有些恩怨，一笑泯恩仇吧，试着学会心底无私天地宽，对他人的宽容，是对自己的放过。

各种论点，不一而论。

然而，人生不会每天面对江湖险恶，也不可能事事讲究轰天动地，而真正的宽容，也不在那些所谓的大事之上。

我们的日常，其实是心态不断调整的结果。有人说时间能改变很多事情，那不是真正的解决，而是这些事在你心里已经不是那么重要了。如此看来，心态是人生不断进步的法宝。

心态好的人，会体现在宽容对待很多事情上。

曾见过不少中年之后仍旧优雅的女子，她们无一不对生活心存宽容，这是最好的精神状态，亦是难得的品质。

而真正的宽容是说，对待他人的努力施以善意，对待他人的苦衷有所体谅，这是她自己的力所能及，是别人眼中的人格魅力。

这种度量，愿你有，我也有。

多做一些准备，总是没坏处的

卉卉是表弟的女朋友。

那次约了表弟吃饭，他说要介绍女朋友给我认识。彼时，我刚参加完一场活动，被高跟鞋磨伤的脚几乎达到了承受的极限。实在来不及回家换鞋，打算先去与表弟会合，然后再去商场买双鞋。

刚见面寒暄了几句，卉卉就看出了我的不便。我一边不断地试图换站姿，一边说我在五楼餐厅订好了位子，你们先去，我去买双鞋。

卉卉拉住我，低头打开自己的手包，翻出一张长条形纸递给我，我一看，是创可贴。

她说：先贴上，能让你在买鞋之前好受点。

不是好一点，是好了很多。疼痛感减少，我走路的姿势又回到了平时的昂首挺胸。

待我买了双舒适的鞋子，返回餐厅时，只见他们两人聊得正开心。卉卉问，姐姐，脚好点了吗？

我说好多了，新买的鞋子，还没磨合好，谢谢你的创可贴。

卉卉不好意思地摇摇头，说：其实我也是最近才养成的习惯，最近毕业面试比较多，也是要穿高跟鞋的，自从我的脚磨破了好几回，我就常备着创可贴了，还挺有用的。

一顿饭下来，我对卉卉已有好感。

后来，表弟私下与我说，卉卉确实是个很细心的女孩儿，她出门时有些小物件是必备的，以防不时之需。而且遇见需要帮助的人，也会分享，比如创可贴，她还给过不认识的女孩用；比如零钱，她的钱包基本都是有零有整，避免在需要的时候兑换不开……

表弟说起她的时候，满眼柔情，我问他：“卉卉对你怎么样？”

表弟居然不好意思地说：“她对我当然很好啊，我们住学校宿舍那会儿，她还经常帮我洗衣服的。”

我的脚被磨破了好几次，也没想过去买些创可贴备着，念及此，觉得自己真是粗心得可以。

其实在生活中，我们不难发现这样的人，他们似乎有一个哆啦A梦的口袋，在别人需要的时候，在自己需要的时候，总能沉稳不乱地解决当下困难。

我有个同事，包里常备一把伞，晴天遮阳，雨天挡雨，还会借给别人，是一个特别好的人。

有时候，你不得不承认，你所做的一些小准备，都会有用到的一天。有时候，能为自己解围；有时候，能给别人带来方便；还有时候，可以树立自己的个人品牌。而在真正被用到的那一天，会让你很耀眼。

认识一位作者，他最开始写文章的时候，几乎是没有读者的。

有人劝他，想出名不是那么容易的，做这些都是无用功。但他总是一笑置之，然后埋头继续写。

他规定自己每天写两千字，也不多，随意写点什么，写不出来的时候他就去读会儿书，哪怕用书评凑数，也要坚持这个习惯。他的博客里有几十万字的文章，他的笔记本中记录了太多的感想和随笔，甚至包括读书时候的笔记和标注。

十年寒窗无人问，一举成名天下知。

终于，他的一篇文章被各大营销号轮番转载，点击率一时飙升，很多读者慕名而来，读到他的文章，纷纷留言“写得真好”“早一点知道你就好了”……

甚至有图书公司来找他出书，试探地询问：三个月内能否趁热打铁地写完一本书？他说，一个月就可以。

他的囤稿，终于有了用武之地；他的习惯，终于为他开辟了一条新的道路。

他说，最开始完全就是爱好和乐趣，觉得人生总要坚持去做一件事。后来才惊觉，早期的积累，在机会降临的时候，给了他多么大的帮助。

因为早期的坚持，他不必担心时间到了写不完怎么办，他也不必慌张写不好怎么办；他的自信，在那些提笔写字的日子里，已经练就得极好。

人生就是这样啊，如果不早点做准备，机会来临的时候你也抓不住。就像很流行的那个段子说的一样：如果你自己没有资本，遇见高富帅，你也留不住人家的心。

“时刻准备着”，是多年以前就流传下来的口号，现在也被很多人用来调侃。

可在我们的日常生活中，口号都是有用处的，尽管我们经常做不到。

有个朋友，把“方案做两版”的话当作座右铭。她是平面设计，每每涉及客户要求的主视觉以及其他各种设计的时候，她都会做出两种风格不同的图，以备客户挑选。

最开始时，她也并没有这么细心，但每次设计图交到客户手里之后，客户总会这样那样地提意见，到最后，设计图被改得面目全非，朋友十分沮丧。

每个人的观点都是不一样的，你认为好的，对方未必也这么想。所以在设计中，要尽量最大限度地体现出对方的要求来。给对方两版让其挑选，一是体现出对对方的重视，二是可以节省自己的时间。因为人的思维模式都是这样的：你只给我一个东西，我能找出它的优缺点；但你给我两样东西，我就容易在两者之间进行比较选择，选出一个最符合我期待的、最适合这套方案的、最优秀的作品。

前期所做的准备，基本都是为后期做铺垫的。

如果开始时你不投入一些时间和精力，等到真正考验来临的时候，你就十分容易陷入惊慌失措的境地。时间不够用，精力不够用，创意想不出，思维不发散，最终，机会就一闪而过了。

为了赚钱而努力

前几日做采访，主人公年近不惑，事业有成，创造了自己的品牌，在圈内被尊称为“××哥”，是个大佬级别的存在，知名度和地位显然都已是人上人的概念。

经理说，采访稿要重点突出他虽生在富二代家庭，但这么多年徒手打天下的作风，不依靠父亲，有别于吃喝玩乐之辈。

我说：“他创业的第一笔资金就是他父亲投资的。”

这位Boss，在一个偏冷门的行业，坚持了十几年。经理说，这是何等的魄力，应该被赞扬，得写进去。当然，我一定会写进去；但从根本上来说，不是他有魄力，是他有钱，或者说，他父亲有钱。

你见过一个养家不易、温饱成问题，或还着房贷，或租房的人为了爱好和梦想坚持十几年，甚至业务亏损都没有放弃的人吗？

冷门行业是什么？烧钱的行当。

他所做产品的标价，个个都是富豪才能买得起的价码，他的一套产品，顶这个市中心十平方米房子。

在最初不被大众市场认可，常有入不敷出的时刻，他怎么熬过来的？当然是本身有钱，不愁这点亏损。

经理笑着骂我："还能不能有点情怀了，脑袋被钱打洞啦？"

以前我总觉得情怀高于一切，我常说的一句话就是知足常乐。

后来我发现，并不是这样的，就连知足常乐这四个字都是建立在真正的富足之上，没有"足"，你拿什么乐？

租着一居室，下个馆子都要考量再三，是知足常乐？

吃着肉夹馍，计较着老板给的红烧肉比昨天少了点，是知足常乐？

看见喜欢的衣服、喜欢的包、喜欢的化妆品却买不起，是知足常乐？

还是说，眼看着别人的诗与远方，自己只能去附近的免费公园溜达，这才是知足常乐？

社会之所以在发展，就是人们极其注重精神层面的生活，不满足于吃饱就睡的状态，一心要活成自己喜欢的样子。所以，有钱，从某种层面来说，才足以支撑人的各种需求。

没有钱，谈什么爱好？

看中情怀的，说明本身并不缺钱；拥有的，才有资格说不在乎。

那些总说有钱未必快乐的人，说真的，没钱更不快乐啊。

多年前我认识一个女孩儿，她曾是典型的北漂一族，一个月两千块钱工资，住的是最便宜的地下室。她居住的地方，我去过一次，低矮的天花板，没有窗户，就算有，也根本不可能有阳光照进来。地上的白天，与地下全无关系，只要在家，必须开灯。那里有很大的空间，一整层的地下室，住在这里的人都用公共卫生间，不能做饭，因为油烟味不好散出去。

你知道那是什么样的生活吗？一个二十几岁的女孩儿，窝在这里，拿着一份基本只够保底的工资，每一餐的花费都不能超过十块钱，泡面是她最常吃的食物。

当时我们有个共同的朋友问她，这么辛苦，为什么还漂着？

她说没有办法，因为在老家的父母也很贫穷，无法支撑她过多的生活费，她还有个面临高考的妹妹。

她此生最大的梦想就是挣很多很多钱。那会儿金融危机还未出现，北京的房价还处于温和的状态，她说要在北京买一套房子。

她是真的在努力，不是发个朋友圈秀一秀的那种，也不是随便说说而已。下了班就做兼职，脑子里除了省钱就是赚钱的概念，我们约她出门，都要看她的档期。

其实她也有自己的爱好，也想打扮漂亮、时尚地出去玩，也不喜欢住在地下室里，那里看不到尽头的黑夜，她也过够了。

但你说，她有什么办法？

总不能一辈子都过这种暗无天日的生活。

普通的工作加兼职无法实现她的买房梦，那她就去做销售。一个个电话打出去，一个个客户跑下来，一双运动鞋穿到鞋底开胶，无论客户什么态度，她都要保持笑脸如花；有时候被讽刺得很过分，她就偷偷地跑到卫生间去哭，哭完了继续走访下一个客户。后来去做银行保险，以前她对推销保险的人特别无感，可这却成了她谋生的手段。

多年以后，她在北京站稳了脚跟，有房有车，也有了家。她跟我开玩笑，说那会儿居然从来没想过，留在北京的最佳捷径，其实就是嫁一个北京人，或者有钱人。

玩笑归玩笑，她却身体力行地实现了自己曾经的誓言，她说现在还是在努力，还希望多挣一点。

看过一个故事，女孩儿去吃饭，老板多收了两块钱，她为了这两块钱与老板争吵许久，最后忍不住大哭起来。

她说她不是为了这两块钱哭，而是自己居然过着为两块钱斤斤计较的日子，没有钱，让人卑微到尘埃里去。

其实抛开遥远的梦想不谈，从现实来说，努力就是为了多赚钱。

多赚一百块，就能多一百块的选择。贫穷的人靠钱翻盘和带来希望，富有的人靠钱提升地位和锦上添花。

如我们一样的普通人，也都在各自奋斗着，想要存款更多一点，理财的回报更丰厚一点，想要将来孩子的教育条件更好一点，生病去医院不用因为缺钱而无法治疗，看中一件喜欢的商品不必纠结几个月都舍不得买。

我不信你不想过喝咖啡、戴着名牌表、翻翻报纸、聊聊小天儿的日子，心情不好就去瑞士滑个雪，恋爱了就相约北极看个极光，失恋的时候环游世界疗伤，跟闺蜜去香榭丽舍大道逛街。

所以，你整天瞎迷茫什么？浮躁什么？失个恋要死要活的干什么？熬夜看什么泡沫剧？没钱你就整天只能吃路边摊的地沟油，挤公交，连个车都打不起。

不整那些虚的，多赚钱，就是你努力的意义。

你有什么可抱怨？

前几日看到一则报道，讲玻璃栈道是如何修筑的。

记得以前去华山栈道，两侧皆是悬崖峭壁，有的地方几乎是90度垂直而下，只在一侧有铁索可以扶着。我慢慢摸索上去，心惊胆战，当时爬完全程，几乎要瘫坐在地上，内心却也不由得惊呼，建造者不知带着多么无畏的心态，才能凌空搭建完如此危险而又伟大的杰作。

报道里说为了开发旅游，特意找来经验丰富的栈道施工队，在平均海拔高度400米、总长度近1公里的悬崖上建造栈道，施工难度极大。

悬崖峭壁上修建栈道全部靠人力，要经过十几道工序。即便是天气晴好的时候，一天最多也只能推进20米。工人们每天的作业时间是清晨6点到下午5点，赶上下雨天，就只能留在住处等待天气变好。

报道配图是工人们专注作业的照片，在几百米高的悬崖上，他们没有安全绳，除了安全帽再无其他保全措施，一旦不慎跌倒或稍有差池，后果将不堪设想。

赚钱养家，几乎是他们每个人的心声。在他们看来，这个收入很不错的，家里上有老下有小，需要他们做顶梁柱。

虽然如此危险和辛劳，他们的日薪也只有300~400元。

拿生命做赌注的工作，我们大部分人都没有经历过，肯定很多人也不想经历；如果可以，谁愿意拿生命去冒险呢？

谁不想坐在开着空调的办公室里，面朝大海春暖花开？谁不想拿着可心的工资，与家人随时见面享天伦之乐？谁愿意每日承受风吹日晒，置身于天地悬空之间？

可是他们的工作性质让他们只能如此。念及此，此刻的你我，又有什么可抱怨的呢？

我们的生命中缺少敬畏和感恩。

上学时代，我们总是嫌弃有写不完的作业、看不完的书和各种黑暗的考试，认为自己好辛苦，压力好大。

上班了，又觉得人情世故过于现实，人际关系复杂难懂，甚至经常对着酒瓶吐槽：时不我与，世态炎凉。

夫妻之间磕磕绊绊让人心冷，为什么不能多体谅一下，为什么不能浪漫一回？

工资太少了；工作太忙了；上司不好，管理一点也不人性化；朋友也不好，特别不贴心……似乎生活里到处都存在着不如意，每一个不如意都能让人咀嚼良久，感慨万千。

于是，负面能量越来越强，总是在追忆过去的美好，却对未来止步不前；抱怨成了习惯，习惯了看不到生活的美好。

殊不知，多年以后，我们回想起当初的读书时光，会发现那个时候如此美好，有的人连学都上不起，有的人都没有书可读。

有的人为了工作焦头烂额，有的人甚至没有工作。

有的家庭支离破碎，孩子无法得到父母之爱，父母也无法享受天伦之乐；像修建栈道的工人们，一年能回家团聚几次呢？

我们总是太不知足。

记得认识一个女孩子，是从加拿大留学归来的她说，人可以有野心，但也要学会满足。

我们问她满足指的是什么，她说就是一种对现实生活的感恩。

她出国留学初期，家里生意做得还算不错，可没想到才过一年，父亲的公司就被金融危机波及，她从每个月父亲给学费、生活费，一下子转到要自己去刷盘子打工挣钱，不是没有落差的。

但据她自己说，当时的心态也还好，原因是在父亲没能力支付他各项费用之前，她就已经开始勤工俭学，只不过当时手中资金较多，并没那么勤快和辛苦而已。

后来她学成归来，顶着海归的头衔，在一家上市企业找到一份待遇非常不错的工作。作为一个女孩子，她是刚毅的、豁达的、不畏风雨的。

我们只是一般朋友，因而后来再无联系。但我一直记得，在与她接触的时间里，在她聊起国外那段黑暗岁月的时候，我都没听她抱怨过一句。她总是说，“哎呀回国真好，又可以在爸爸妈妈身边撒娇了”“能每天吃到中国菜太幸福了”“我现在赚的钱除了自己攒一点，还能贴补家用，我爸爸每次都夸我”……

真的，她一直认为自己很幸福，她的父母想必也是目光长远之人，在此祝他们早日东山再起。

一个人经历了风雨，才知道什么最可贵。但我们生活中不可能会一直有那么多大风大浪、轰轰烈烈，总是大事不犯小事不断而已。细细想来，那些琐碎的小事儿会耗费人太多精力和时间，会不值得，会损伤元气，更会让人活在悲观里。

人们总是对别人的苦难无法感同身受，而又对自身的琐事过于放大，这样就会陷入无休止的抱怨和不满足之中。

其实想一想，我们已经比很多人都幸福了。

我们还有一展宏图的憧憬，有家庭可以在风雨来临时共同进退；下班有爱人留的灯和热好的饭菜，上班有良好的工作环境和升职加薪的机会。平静的生活看似无趣，却是这世间最不可多得的安宁。

生活最好的样子，都是平淡而幸福的。即使偶尔有些小波折，权当是些无伤大雅的涟漪，笑看它，处理好它，这才是真正的生活气息。

健康、平安、家庭、亲人、一份称心的工作、阳光和好心情，想来，这些都是难能可贵的东西。

至此，想想已经拥有的，也没什么可抱怨的。

适当的欲望让人进步

与朋友闲聊，说起最近的状态。朋友说自己大概是老了，总感觉无欲无求，每天的生活就是上班、下班、加班，朝九晚五，公司家庭之间两点一线；心情不好不坏，没有什么值得兴奋的事情，也没有什么非要不可的东西；全力以赴这个词语仿佛过去了八百年的时光，大概再也不会为任何的人和事去拼命地努力。

我惊呼："你才三十岁不到，哪能老去？"

朋友无奈地摇摇头："怎么办？我也不想要这个样子，但就是对任何事都没什么欲望。"

这大概就是我们常说的，过够了那种一眼望到头的生活。

有时候回头想想，在真正的生活中，本没有那么多轰轰烈烈的事情。言情小说中的戏码，和电视剧里精彩的人生，现实中并不怎么出现。

大部分人都是靠生活的琐碎去寻求当下的乐趣，或者烦恼。

于是，有人在青春里叛逆，寻求好奇与刺激；有人遭遇中年危机，在围城之外，掐了一朵红玫瑰，感叹蚊子血朱砂痣，感叹红颜和正室。

烟火气息太重，就没有了探究的欲望；每日钻在厨房和菜市场之间，被柴米油盐摧残了的，不只是容颜，还有年轻气盛的心，辗转成疲惫和郁郁寡欢。

确实是老了，再不肯去尝试，不肯去拼，不肯把自己交给未知。因为担心失望，更因为没有欲望，所以我们不知所措，不断问自己为什么？在年少时迷茫，因为前路漫漫没有方向；在年长时迷茫，因为懂得了很多道理，时光去再也回不去。

不是不知道要做什么，而是经常做不到什么。

就像有人想成为亿万富翁，却无法一夜暴富。

有人喜欢结婚生子，却连个贴心体己的人都找不到。

有人郁郁不得志，却不知自己除了喝酒，别无所长。

你想要什么？功名利禄，前程似锦；还是儿女双全，天伦之乐？

你不想要什么？年华消逝，一事无成；还是安逸度日，只等垂垂老去？

你并不知道。

所以你困惑、无助，你觉得生命中充满了“不可为”，或者说“做不到”。因此，你不断地自我暗示：活在当下吧，别想那些有的没的。

生活，就是在自我催眠中走向平淡的。

我有一段时间特别忙，忙到恨不得一天有四十八个小时。

那会儿我总是在想，我希望过安稳的生活，朝九晚五就好了，睡到自然醒就好了，工作压力不大领着够花的工资就好了。关键是我渴望有自由的时间，有充裕的安排，我可以泡温泉、游泳，我可以做菜、烘焙、看电影，我还可以带着孩子游山玩水，享受亲子时光。

我可以做一个家庭主妇，不必理会赚钱的事情，养家的事儿交给老公就好；我可以偏安一隅，在岁月静好里做一个美女子，静女其姝，宜室宜家。

可事实呢？当我真正有了自由的时间，我却觉得空虚。很多人在安逸中是没办法自律的，晚上有了大把时间玩手机看电视，晨跑被无限拖延，健身卡撂在梳妆台的柜子里，已经几个月不见天日。

人都是越待越懒的，那些从前心心念念要做的事情，早被抛到了九霄云外；反正也不觉得自己能成为什么厉害的人物，干脆得过且过就好了；生活粗糙有什么关系？别人也这样啊，精致的有几个？

是啊，别人工作忙碌的时候，你可以躺在家里看电视；别人炎炎夏日挤地铁的时候，你开着空调玩手机；别人加班加点的时候，你还在温习泡沫剧；然而，别人从小职员升任管理层的时候，薪资翻倍的时候，与友人畅谈金融财经股票公司上市的时候，你只能守着一方最小的天地，坐井观天，无法插言。

安逸，是你的无欲无求造成的结果，是当下最舒服的状态。可是，如果年轻的时候太舒服了，年长的时候，会有更多坎坷。

没有欲望的生活，经过了你的自我催眠；有欲望的生活，同样希望你给自己积极的暗示。

以前有个老师跟我说，人都是要往上走的，当你止步不前的时候，别人正在拼命地赶超；在你觉得大家都一样的日子里，别人的境遇早就不同；一点一滴，慢慢积累，三五年之后再看，差距相当明显。

不知你想到了身边的哪些人，那些曾经跟你在同一起跑线上的人，他们如今在哪里？做什么？他们已经到了什么样的地位？你羡慕吗？嫉妒吗？你难过吗？

对生活失去欲望，其实是一件挺可怕的事情，消极倦怠，足以毁掉一个人全部的热情。

真正岁月静好的人，在你看不到的地方，同样不断前进着。

人都会有这种念头，这种时刻，这种消极，但总该调整；适当的欲望才不会让人在生活中迷失太久，因为知道自己要什么，才能决定你将来成为什么。

不如试试？

我们经常犯的错误，就是想太多做太少，容易迷茫；在很多事情上，“心如比干多一窍”不太可取，容易把自己绕进去。想不开的时候，不要钻牛角尖，走出去。我们的眼界所能看到的范围是很小的，要去通过与不同人交流，才会发现之前自己所不了解的世界；才会知道这个世界上有很多种活法；才能明白，个人的自怨自艾并非明智之举，你还有很多事情要做。

我一直觉得，“兴趣是一个人最好的老师”这句话无比正确，像我喜欢写东西，那它就能给我带来很多热情和动力；像我闺蜜喜欢画画，她下班之后总要画点什么，这让她觉得生活很充实。

你要知道，这个世界上没有解决不了的事情，也没有过不去的坎儿。只要你积极地应对，调动对生活的欲望，你就会重新找到人生的乐趣，也会重新觉得，原来你配得上更好的生活。

被欲望推着前进的时候，才发现世界真的好大，多的是我们不知道的事情，多的是我们从前没有接触过的人物。

你想做的事，不用问别人

冉冉想跳槽，把问题扔到群里问众人怎么办。

她现在的公司规模不大，但工作氛围不错，同事相处得极佳，尤其是领导，没有半点架子，整个公司上下一派自由和谐的景象。

“但是工资不算高啊。”冉冉总是感叹，还完房贷也剩不下什么了，不知道猴年马月才有涨工资的机会。

冉冉动了辞职的心思，于是把简历偷偷挂在了招聘网站上。看到合适的就投个简历，有时候也能接收到对方抛出的橄榄枝，但一到对方打电话要求面试的时候，冉冉的心就总是忍不住虚起来，摇摆不定，想去又不想去，纠结再纠结。

现在的同事们相处得极好，除了工资低点儿，其他随便拿出一点那都是优点，冉冉担心再也遇不见这样好氛围的公司。

可是不走出去的话，职业规划还有什么意义呢？人应该往高处走不是吗？人要成为更好的自己不是吗？

是的，冉冉这样告诉自己。可是当一个非常不错的公司在她面试之后邀请她入职的时候，她又开始犹豫了。

众人七嘴八舌，态度不一。

有的说："当然要辞掉了，这点钱够做什么的，况且还房贷压力那么大。"

有的说："支持辞职，在一个单位还能做一辈子吗？一眼就望到头的生活，每天都一个样，没意思。"

还有的说："我觉得你现在的单位挺好的，工资也没有你说的那么可怜啊。你比我挣得还多，我都没说啥。"

更有的说："不如你再等等，说不定会有更好的公司来找你，待遇更高，那会儿你就不再犹豫了。"

冉冉觉得最后这个朋友说得不错，说不定会遇见更好的呢。邀请她入职的这家公司，虽然工资比现在高不少，但会经常加班，且是单休。

有人支持，就像吃了定心丸一样，让她一下子放松起来。

所以，有利有弊吧，她狠不下心来，决定继续观望，简历接着投，现在的工作也接着做。

可是，没过多久，冉冉就跑来跟我说，她好后悔当时没跳槽。

原来，冉冉现在的公司，本是两个老板合伙注册的，现在因为亏损，其中一个老总要撤资；继而冉冉他们也面临着站队，甚至裁员。

冉冉很苦恼，早知道就不听群里那些人的建议了，顺着自己当时想跳槽的心直接跳了多好啊。

自从上次拒绝那家公司之后，冉冉再也没有接到合适的面试邀请。

冉冉叹气，在后悔中度过了好多天，然后又重新开始更新简历。

其实我们在日常生活中，很多事情经常会拿不定主意，总想着找一些懂的人出出主意，提个建议，给个策略，想要在他人那里得到一些支持和印证，可结果往往是适得其反的。

因为没有人是你，你当下所需要的东西和感受——你是要身体力行走得更远，还是保持现有的温馨舒适——都是你自己内心的需求，无人可以感同身受，他们所表达的观点，都是自己的解读。

可他们的解读，怎能代表你？

一件简单的事情，在多人的解读下，就会出现多种结果。你又不太有主见，每一种建议你都试着往自己身上套，这个有道理，那个也有道理；权衡利弊，你选择了一个看起来对现状伤害最小的。

事实上，这只是你在众多建议中做的选择，而非你自己内心真正的需求。

你乱了。

所以，当你选择了其中一种支持之后，却得到了自己不喜欢的结果，就容易耿耿于怀，容易后悔失落。

我以前对生活不太上心，遇到事情，总是要问一问身边人。

但我发现，那样会更乱。

比如买衣服，当特别纠结的时候，我就把身边的姐妹们问一个遍，哪个颜色更好看，哪个款式更时尚，哪个价钱更合理。

众人褒贬不一，态度各异。

有的时候问完之后，我都没有买的欲望了。

后来，等我平静之后，遵从内心去选择，我反而踏实了。

那会儿，我经常不太能自己决定一件事，这种没自信极度地困扰了我。我很依赖秦先生，任何事情必须要与他商量，要他给我拿主意，哪怕我买一件看好的东西，都要等到下次拉着秦先生去看看，再做决定。

看中的衣服，我要挑一件最能呈现自己身段的，要显年轻，显瘦，显得有气质。

我想，这本身是一种逃避。

说白了，就是我们需要有人来帮忙承担责任。选择本身会带来什么样的后果，没人知道；我们想要一个最好的结局，就要有所参考。

如果这种责任有人帮忙承担，一旦结果不如人意，我们就有了理由和借口：你看看，不是我的问题，是他们帮忙选错了，当初坚持自己就好了。

久而久之，这种逃避成瘾，以至于几乎形成了习惯。

其实，在我们做一件事情之前，内心都是有自己的想法的。我母亲对我说，这世上没有绝对的对和错，在不违背规律并合法的状态下，你要相信自己的选择是对的。

这会让你没那么多陷入悔恨里的情绪，坚持自己的意见，是很重要的事情；自信的人才有出路。

要养成不依赖他人的习惯，就要先在一些小事情上自己拿主意，尽量试着不去求人，让自己在小事中获得一些成就感，提升自信。

自信的人心情会开朗，开朗之后看事情就比较大气，而大气之后，才更容易做出对自己有利的选择。

你想做的事，不用问别人，应该问的是自己。

等你足够强大，再去找他攀交情

在朋友圈销声匿迹这件事儿，小万做得相当到位。

印象中他一直是个热情分子，喜欢热闹聚会，好盘点人脉关系。从前最常听他聊起的话题就是，今天又认识了行业内的某某高管，有资源；参加了某个品牌发布会，和众位来宾互相留了名片，这是资源；通过朋友认识了新朋友，新朋友是某世界五百强公司的中层领导，资源啊……

小万非常注重人脉资源的建立，用他的原话来说："多认识人，就是一种资源的培养，对事业提升有很大的帮助。"

因此，我们一度送他"社交达人"的称号，所以才对他最近渐渐消失的倾向，表示诧异。

后来有次新车发布会上，遇见他在现场，看他言谈举止一副运筹帷幄的样子，与甲方沟通时一改从前的攀交，变得沉稳成熟。说得再直白点，就是有范儿了。

我们两人好久未见，便聊起来。我好奇他最近忙些什么，居然性情有些变化。

他一边笑自己都是瞎忙，一边满足了我的好奇心。

小万从前一如我们所想，是个社交达人，喜欢攀交各路朋友与客户；他一直坚持认为结识的每个人都能为其所用，都是朋友圈的拓展。

直到前不久，他离开原有单位，正式创业。

他创办了自己的营销公司，以为凭借原有的媒体资源和人脉关系，创业之路必然畅通无阻，也许能迅速成为行业中的佼佼者。

可事实是他的愿望还没来得及开展，就落空了。

他当时联系了一个关系特别好的客户，希望对方能够帮自己拿下一个正在推广的项目。

在联系之前，小万是很有把握的，他说他跟这个客户吃过几次饭，对方喝完酒拍着胸脯对他说："有事你说话。"然而，等到关键时刻，小万倒是开口询问了，客户却说："此项目的招标是按流程走的，你的公司才成立不久，人手不够，名气不大，以后有机会再说。"

小万说他的心情瞬间跌落，但他不死心，接连把电话打到了可能帮助他的几个重要客户那里，均得到了大同小异的回复："小万啊，你的公司才成立不久，好好做，前途无量啊。"

才几天的工夫，小万就气馁得无以复加。他想不通，明明也就客户一句话的事儿，怎么实现起来这么困难?

说到这里，小万笑笑说："其实，脑子一转弯也就想通了，人家凭什么要换掉原来的合作伙伴，接受半路杀出、资历尚不足、能力未知的我？我能给他带来什么效益，或者收益？”

小万无疑是聪明的，他经此一役之后，深刻地反省了自己，暂时性地放弃了一些不切实际的大项目，转而走中小项目的路线。通过不断积累经验，加上他本身就具有的营销能力和媒介资源，渐渐地，公司扩招了几个人，在圈内的名声渐起，底气充足了；他转而找到从前通讯录里存下的联络名单，寻找可行性项目。

如今，他再也不会凭借几顿饭的交情，就断言人脉广泛，而是从能力入手，平等地与对方通话。

能力的提升永远是最必要的，你要让对方看到你的优势，再尽可能地为对方争取利益最大化，这样才能带来谈判的双赢。

是的，当我们本身不够强大的时候，除了提升自己，并没有任何捷径可以走。

不是吃几顿饭，喝几杯酒，聊几次天就能够建成所谓的人脉关系；当你在工作、事业、应酬中用到人脉的时候，一定要跟对方旗鼓相当，才能够将合作进行到底。

能力对等，是一切合作的前提。你的公司只有老板和员工两个人，就是给你一个大项目，你也接不住。再说，对方也不会轻易就把大项目交给你，他们也要考虑项目的运作和结果，谁也不能拿所谓的“交情”来冒风险。

与人交际，并无任何过错。交际带来的机会在某种程度下确实是有帮助的，但这是潜在的机会，前提是你有资本将其拿下。

小万的事，让我想起了曾在一次饭局上看到的一幕。

大概是几个月前，我被朋友拉去凑局。

一桌众人，多是熟知，有几人还带了家属，只有我们三两个生人。大家纷纷举杯，说着“很开心认识你”“以后有机会合作”之类的话，互相递交名片，场面其乐融融。

其间，我对面的男孩站起来也向主位上的被称为林总的人递了名片，只见林总随意点了点头，然后把名片丢到酒杯旁；不一会儿，名片就被溢出的酒打湿。离席的时候，我特意看了下，那张名片被无情地丢在那里，没人理会。

然而，没散场之前，林总与邻座的男子有说有笑，并且不时哄哄邻座男子家的儿子，甚至亲自喂了他喝汤，还笑言“要认作干儿子”。

你知道的，一个稍微有些钱和权力的男人能够放下身段去逗别人家的小孩，除了真的喜欢这个小孩，并且和这个小孩的父亲有相当好的感情之外，还有一点，就是这种状态所映射的背后，是他们势必在某些方面能力的持衡，或者金钱，或者事业，或者价值观。

当然，我是连名片都没有的人。作为旁观者来说，我知道有一些高层次的人愿意帮助我们，有的不愿意。然而，即便有人能够帮助我们，当我们的付出无法支撑对方需求的时候，这种帮助就会失衡。

说白了，当一个人比你段位高太多的时候，你们身份不对等；他能给你带来帮助，但你不能给他带来利益，那么，他为什么要帮你?

借用网络流行的一段话来说："别人帮你是情分，不帮你是本分。"

我们要做的就是努力地提升自己，让自己有能力与对方平等地对话，而不是一方高高在上，一方垂尾乞怜。

当你不如他的时候，你不是狐假虎威借人名声自称人脉，甚至以此自大；也不是羡慕嫉妒恨，痛斥不公平，接连抱怨；而是争取在他处，在专业的领域，让自己变得更优秀，让聪明才智用在正确的地方。

等到你足够强大的时候，你们再来平等地交谈，甚至互换利益。他能帮到你，你很高兴；你能帮到他，他亦会感到荣幸。这才是最平衡的状态，这种情况下的人脉，才是真正的人脉。

03

时光不会辜负 每份虔诚的等待

遵循自然规律，
心怀感恩之心，
不急不躁，准备着，等待着。
在最适合的季节埋下种子，
在最美好的时节有所收获。
人生也是一场长跑，
需要你保持体力，稳定前行，不要急躁。
做好该做的一切，
深谙等待的智慧，
等待一切水到渠成。

别把戾气当个性

你一定看到过太多这样的场面或新闻：

因为互不相让超车、蹭车，最终闹到群众围观，警察调解，君子动口又动手，有的甚至还拔刀相向；

小小口角，一言不合就骂对方，恨不得联合所有能聚拢的力量去讨伐对方；

看见女人装扮时髦，穿着稍微暴露些，再开个豪车，有人便满口污言秽语，说人家既拜金又整容，说人家不是被包养就是“小三”。

更有严重者，毒杀室友，狠打教师，用刀指向医生，戾气太盛。

去刷一刷时事新闻，评论里有很多戾气十足之人，行谩骂之风，或跟风，或彰显自我优越。

不同意作者或者发布者观点的大有人在，谁让这是一个言论自由的时代呢。可是有的人不同意，却坚持看完，然后还骂人家一番，骂得要多难听有多难听。有时候我会想，越是这种人，越说明这个论点刺痛了他。

我曾写过一篇关于是留在大城市还房贷，还是回农村嫁土豪的文章，立马有人跑来骂。倒不是骂我，是骂他的前女友。我都听不下去了，他还一个劲儿地说女人都拜金，都贪钱。我看了他的评论非常烦恼，我想怎么会有这样的人？

一次失恋行为，就让他变得如此狂躁不安，恨不得骂尽天下女人，恨不得给所有女人戴上拜金的帽子。好歹你们爱过一场，为什么不想想当然是你不够好她才走？

我不知道是不是那个女孩儿真的因为钱而选择了别人，但我知道，这样去评价一个曾经相爱过的女人，这种心理绝不是一个好男人该有的。

几年之前，我在微博上关注过一个人，他是典型的狂人，大骂世道险恶和社会不公，十句里有九句半“出口成脏”。我开始觉得新鲜，在我生活的环境里，我很少接触到这类人群，一时间我的思维模式受到了冲击；我想，人应该是要找到宣泄的出口，批判和怒气才最符合年轻人的年龄属性，人不狂傲枉少年。

我向他表达了敬佩之情，他亦与我谈及他的人生观和价值观。他的每句话都带着鲜明的刺，我当时误以为，这是划破时代毒瘤的语言，是进步的，是我应该学习的，我为过去自己的墨守成规感到惭愧。

但我不记得是哪里出了问题，只是看他一日复一日地在微博上自以为是地抨击各种舆论观点，滔滔不绝地阐述不被世人所理解的孤傲和愤世嫉俗。我终于再也不想去刷他的微博，也不愿意再与之交谈。

我深深地觉得那种力量破坏了我原有的心态，没有让我变得更好，而是让我失去了原有的平和，成为一个爱抱怨的人。

我觉得不好，非常不好。

我不喜欢处处抱怨。

我尝试劝他，做人不能以偏概全。如果总是关注负面的东西，还怎么好好生活呢？

他并不听，反而说我看不到本质的问题，哪有什么公平和公正？哪有什么好人？让我不要自欺欺人。

当我发现负能量传播力如此强大的时候，还好一切不算太晚，及时止损，我取消了对他的关注，删除了联系方式，不再与他有任何交集。

我不想变成和他一样对一切都不满的人。

我们活着是为了什么呢？更好的生活，对吗？

如果我们并没有脚踏实地做好手里的事情，而只是随时对周遭做出负面的回应，随时准备与这个世界开战，随时准备好口水，吐向那个让你不满的人或新闻，就能让你过上更好的生活吗？

我觉得并不能。

抱怨堆积不满，不满形成戾气，这是负能量里最可怕的东西。

它会迅速让你沦为骂人的工具；让你的认知停留在原有的观念里，再也无法前进一步；让你越来越跟不上时代的脚步；让你不思进取，以为所有的不公都是社会和别人造成的。

你看啊，物价这么贵，买不起，得骂；别人没给你让路，这素质那还行？得骂；坐公交堵车司机居然没超车，怎么就不知道钻空子？上班迟到扣钱你负责得起吗？得骂；网络传播正能量？呵呵，又是作秀吧，得骂……

你说这样的情形下，怎能得到进步？

除了骂和偏激，能够得到什么呢？

戾气太重，容易让人产生仇恨；仇恨本身会带来很多麻烦，也让人不快乐；是不是失去了最初想要好好生活的意义？

原地踏步，甚至倒退。

有次参加朋友聚会，席间，我认识了一位自己开公司的老板。老板很面善，亲自给我们倒酒，并没有任何老板的架子和优越感，需要服务员帮忙的时候，他一定会说谢谢。

真的是越有能力的人，越谦和。

说起来，仗着自己是消费者，对服务员颐指气使的人也并不少见。

想起那句话："上等人有本事没脾气，中等人有本事有脾气，下等人没本事有脾气。"

那么，你希望成为哪种人？你正在成为哪种人？

我觉得，我们总是很容易地就把生活的本质颠倒了。

我们轻而易举地把抱怨世界作为开场白，轻而易举地就对身边的人说很失望；愤怒、生气、暴躁、吐槽、谩骂……各种负面信息接踵而至。可是，愤世嫉俗之后，除了更加失望之外，得不到任何有效帮助。

事实就是，你越不够强大，你遇到的不公平和素质低下的人就越多。

你爬山的时候，是不是会觉得山顶的空气更新鲜，视野更开阔？同样的道理，你越往上走，才越能看到更好的世界，遇到更好的人。

山外有山，人外有人，没见过的风景和阶层都太多，不应该把那么多时间都浪费在抱怨和戾气上。你过得不美好，不是他人的原因，恰恰是你自己。

不要把幽默和戾气弄混了。

不要固守错误的理念，沉迷于自我的狭隘里而不自知。

不要把过于愤世嫉俗的特立独行当成一种时尚，也不要被别人的特立独行所教唆。

不要寄希望于众人臣服于你的观点，为你所用。

记得有一个很流行的段子，是说人为什么要读书。举个例子：当你看到夕阳余晖，你的脑海浮现的是“落霞与孤鹜齐飞，秋水共长天一色”，而不是“卧槽，真好看，太好看了”！

其实放在这里非常实用，我们努力开阔眼界，努力学习和成长，是为了宽容而温和，是为了让自己不必依靠吐槽和抱怨来证明自己，是为了在别人对这世界抱有偏激的态度时，我们能够理性地表达自己的观点和论点，能够从内心生出强大力量。

等待的智慧

阿兰对我说："嫁人之前应反复衡量，要选一只势头正劲的优质股，哪怕将来半路跌下，也总算在高处站过；明日事明日说，今日先过有钱生活。"

而不是，选择一个前途不明的男人，过着迷茫又拮据的生活。要知道，恋爱中的小打小闹跟婚姻里的琐碎是不可同日而语的。

说这话的阿兰，其实是为了劝慰她刚失恋的表妹，表妹男友工资一般，无甚存款，表妹父母极力反对。于是，表妹一边说着一别两宽各自欢喜，一边与阿兰诉苦，不知如何选择，进退两难。

我问阿兰："你自己就是与先生白手起家，从无到有，何以对表妹说出截然相反的话。"

阿兰说她表妹的秉性与她相去甚远，无法将一只潜力股激发成优质股；所以，为了防止贫贱夫妻百事哀，不如早断。

阿兰的先生，婚后辞职创业。此路艰难，连续三年，一直都是不赔不赚，没有大波澜，但也不见起色；家里家外的支出全靠阿兰。

众人背后嘀咕，当年阿兰一意孤行非他不嫁，结果此人并没有多大出息。阿兰听说之后也不恼，只笑嘻嘻地回应：“算命的说了，我老公本命年过了就要转运，大富大贵之命，你们到时候不要求我来帮忙呀。”

果然，算命的有眼光，阿兰更有眼光。第四年，她先生的公司连续签订多笔订单，均来自于大企业项目；于是资金周转一下子顺利起来，公司继续扩招，订单持续而来，大有名利双收的意味。

阿兰先生在人近四十时，获得圆满。众人由原先的讥讽变成了奉承，纷纷赞扬阿兰最有先见之明，潜力股一迸发，势如破竹。

这次换阿兰先生一脸笑意地回应了，他说：“多亏阿兰，她旺夫。”

阿兰私下里跟我说，哪儿是她旺夫，分明是她懂得等待。

创业的路上崎岖，她先生自然会有情绪，有怀疑、有灰心，也有想过放弃。

可阿兰说：“有什么大不了，做生意就是要胆大心细，最坏的结果就是把钱都赔进去，你的钱赔进去了，不还有我吗？放心去做。”

阿兰说：“听过李安成名之前的故事没？他那会儿虽然心里也苦闷，可他一直在坚持；我现在效仿李安妻子，做一个与你相互扶持的人。”

阿兰还说：“谈恋爱的时候，就觉得你稳重踏实，能成大事，我的眼光不会错的。”

男人需要崇拜和鼓励。

家里开销多靠阿兰工资，于是日子只维持在中下水平；阿兰要早起跑很远的菜市场买菜，因为便宜。

创业不顺，阿兰先生的头发几夜之间就从黑到白；阿兰心疼，每天冲黑芝麻糊，炒黑芝麻盐，寻求各种养生之道。

先生问她："如果我一辈子都是扶不起来的阿斗怎么办？"

阿兰说："那我就是阿斗夫人。"

她的先生，与其说大器晚成，不如说是因为深谙等待智慧的阿兰，她用自己的潜移默化，一点一点浇灌出先生成功之花的盛开。

想起阿兰对她表妹说的那段话，心头有些了然；她表妹我也熟知，是个焦躁的姑娘，恋爱期间就已经因为男朋友高不成低不就而吵架无数，一旦结婚，战争将不断升级。

表妹没有足够的耐心，等她男朋友从一个籍籍无名之辈到让她过上想要的生活；也没有足够的信心，去培养一只暂时看不到希望的潜力股。

没有甘心吃苦的准备，也没有心甘情愿的等待，感情的消耗就成了必然，爱情无法支撑婚姻的重量；阿兰说得对，不如早断。

阿兰是真正的智者。

前几日去绘本馆给小朋友换书，选的新书里有一本《安的种子》。

绘本讲的是一位老师父，将三颗几千年前的莲花种子分别交给本、静、安三个徒弟，希望他们能够种出千年莲花。

本很着急，寻来锄头，将种子埋在雪地里，等了很久，种子也没有发芽；于是，他愤怒地离开了土地，摔断了锄头，不再干了。

静去查阅莲花种植的书籍，把种子种在金花盆里，放在最温暖的房间里，用了最名贵的药水和花土，种子终究是种出来了。静很宝贝它，用金罩子罩住。结果，小幼芽因为得不到阳光和氧气，没过几天就枯死了。

只有安，怀揣“我有一颗种子了”的感恩之心，看似不紧不慢，不急不躁：依然去集市买寺院所需的东西，安静打扫寺院门前的积雪，像往常一样做斋饭，起早去挑水，甚至，连晚课后散步的习惯都没有改变。

直到春天来临，安在池塘的一角，种下那颗被他珍藏已久的莲花种子。

盛夏的清晨，他的千年莲花轻轻地绽放了。

遵循自然规律，心怀感恩之心，不急不躁，准备着，等待着。在最适合的季节埋下种子，在最美好的时节有所收获。

运动会每年都有长跑项目。

参加过的人都知道，长跑比赛的时候，一开始不能求快；古人有云，一鼓作气再而衰三而竭，如果开始就盲目地加速，很容易消耗身体的能量，导致后力不足，无法继续跑完全程。

所以开始的时候，运动员会更加注重匀速前进，不太出类拔萃，也不落后于人。看上去中规中矩，可是他保存的体力，足以让他在最后一圈的时候，有底气冲刺。冲刺，是长跑比赛的最后一道关键屏障，冲过去，才是胜利。

在这段中规中矩的时间里，就需要运动员有一个稳定而持续的能量输出，让自己保持战斗力，最终，成为冠军。

我一直觉得，真正的高手，一定能够把生活过成自己想要的样子。

因为他们懂得如何去成就自己的等待。

很多人叫嚣着迷茫、不知所措，浮躁、不堪其扰，急功近利又不得方向，各种抱怨盛行，各种吐槽应运而生。

从没为一个项目加过班，就要升职加薪，得到老板的赏识；从没有踏踏实实地做好身边每一件小事，就说未来渺茫看不到希望。

可是抱怨解决不了任何问题。

嗤之以鼻的不满，也不能成就你。

浮躁更不能有。一心攀比，想要面子，想要成功，想要人前人后被簇拥，大脑里过了千百遍功成名就的样子，可那又如何呢？眼前的不堪还是不堪，磨难还是磨难，并没有改变。

真正的高手，知道分清主次，会劝说自己，放下浮躁，放下郁郁不得志，放下急功近利，放下不合时宜；更知道，在黎明没有到来之前，找准方向，潜心修炼，提升自己，该做什么就去做什么，调整好心态和步伐，为了想要的生活，做出最大努力。

耐心与持久胜于暴力和激怒。

等待，不是让你干等；是让你在成功还没到来之前，去做铺垫，去做准备，去做好一切你该做的事情，不遗余力。

沉下心来，踏实做事。

这样，你想要的才会来敲门。

人生也是一场长跑，需要你保持体力，稳定前行，不要急躁。做好该做的一切，深谙等待的智慧，等待一切水到渠成。

心存偏见，多是嫉妒使然

1

椰子交了男朋友。

作为一个大龄女青年，她已经被父母催婚催得恨不得大街上随便拉个人就去民政局，所以她有了男朋友，这绝对是大好事儿。

椰子打算“普天同庆”，请我们一众同学吃饭；她的男朋友作为半个东家，也露了面。

其实，我们这帮同学挺久没有见面了；虽然大家平时在一个群里互相调侃，但毕竟工作忙碌，又拖家带口，所以也难得大聚一次。

椰子的男朋友不算多金，更算不上特别帅气，但人看上去很有亲切感，性格随和。最重要的是，一言一行，都能看得出很宠爱椰子：吃饭前会用热水将她的碗筷烫一下消毒，隔得远一点的菜会帮椰子夹过来一些，椰子说什么就是什么，他都同意；听说婚房写的是椰子的名字，这简直就是“二十四孝”好男友。

一个男人是不是真的爱你，眉眼之间都是可见的。大家纷纷祝福他们，我们还私下里讨论，椰子这几年空窗期真是值了，能等到这么一个捧她在手心的男人，挺好挺好。

大家也附和说，是啊是啊，这年头有钱的男人不少，疼女人的男人不多，椰子赚了。

唯有一个女同学有点不耐烦地小声说，“我看未必，这个男人挺小气的，请我们吃饭就来这种地方；小气的男人都自私，看上去很容易出轨的样子。”

大家一时都有些愣，幸好其他同学反应过来，赶紧把话题扯开，这才化解了尴尬。

尴尬化解了，隔阂却有了。回去的路上，我们一同坐车的几个好姐妹聊了起来，都在说那个女同学不该这样聊天，这不是挑事儿吗。

好姐妹说，你们好久没见，可能不了解这个女同学的现状；你们要知道了，估计就能猜到她这么聊天的缘由了。

原来女同学的父母当年遵循“女儿就是要嫁得早，才嫁得好”的理论，在她一毕业的时候，就给她定了亲，不久就结婚了。

女同学与丈夫是相亲认识的，感情并不深厚；但她拗不过父母的意思，前后相处不过三五个月，就领了结婚证，后来又有了孩子，从此就过起了相夫教子的日子。

谁承想，因为之前彼此之间并不算很了解，再加上都有些不成熟，两个人整天吵架，谁也不肯退让一步，越吵越凶；而且她的丈夫一点都不体贴，不但不让着她，还得寸进尺，最后气急了居然家暴。

女同学每每深陷这些家庭纠纷之中，别说幸福了，连笑的时候都少；两个人一度有了离婚的打算，但是想到离婚的话父母可能被笑话，孩子可能失去父亲，就又忍了下来。

好姐妹说，女同学早已经不是上学时候那个有灵气的女孩了，她心里装了太多负能量，自己过得不幸福，就容易揣测别人不幸福。

还有一点，是她不幸福，就更加希望在蛛丝马迹中寻找别人的不幸福。

因为她嫉妒别人被呵护，而自己却在受苦；她想要找到同类，想要在对比中得到一些宽慰，不然，她的心里会更加不平衡。

2

想起有一次陪表妹去看画展，其实我也是临时被她拉过去充当司机的，她是艺术类学生，同行的还有几个她的同学。

结束之后坐电梯下楼，与我们一同乘电梯的还有个正在打电话的外国人。

走出电梯不远，姓李的男同学禁不住说："刚才那个老外戴了块伯爵啊，太酷了。"

刚说完，另外一位姓孙的同学就问："你怎么知道那是伯爵？伯爵多少钱？"

李同学："他打电话的时候不是抬手拿手机了吗，我就看到手表上的标志了，每款价格不一样吧，但都很贵。”

孙同学：“肯定假的啊，也不是什么名贵画展，有钱人会来这种地方？高仿的能值几个钱，肯定是戴着装样子的。”

李同学：“不能吧，看对方挺有气质的，别把人想歪了。”

孙同学：“怎么就想歪了？你快别显摆了，知道你认识伯爵的牌子，我们这种屌丝连伯爵牌子的标志长什么样都不知道，你这不是存心晒优越感么。”

李同学哭笑不得：“就认识个牌子能有什么优越感啊，你想太多了。”

孙同学挺鄙视地斜了一眼：“平时晒得还少啊。”

表妹跟其他同学见状赶紧劝架，大家嘻嘻哈哈地也就过了这个事儿。谁成想到了地下停车场，又遇见了那个老外，他当时打开车门正要坐进驾驶座，他的车是Vanquish，阿斯顿·马丁限量版。

李同学也认出了这个牌子，便说：“这样的人怎么可能用高仿”。

孙同学脸上讪讪的，不好发作，闷着声说了句：“就你懂。”

这场聚会不欢而散。

等把同学们都送回去，表妹才跟我说：“姐啊，你看出来了吧？他俩平时就特能掐。”

听表妹说，李同学家庭条件很好，见多识广，每次出门都是他开车；这回是因为车子出了问题，送去4S店维修，想到我素来宠她，因此便叫了我来。

孙同学家里条件虽然不算特别好，但也不算特别差。一早就看不惯李同学大少爷的样子，时不时阴阳怪气地讽刺几句。不过大家都是一个班级的，开起玩笑来也无伤大雅，所以两个人也没什么正面冲突。

我问表妹："孙同学的成绩不如李同学吧。"

表妹说："是啊是啊，你怎么知道？可能就是因为这样才处处针对李同学吧。"

处处存心刁难，哪是什么看不惯，分明是嫉妒。话里句句带刺，李同学也算是心胸开阔了，尚且还给对方留了一丝余地，这要换个脾气不好的，没准儿两个人早就闹掰了。

3

做事情要对事不对人，客观表达自己的观点，这是正常的；而心存偏见的人，往往是对人不对事儿。他本身在某些方面可能是自卑的，或者不满意的，甚至是遭受了严重创伤的，所以才希望身边人跟他一样。

因为一个人的疗伤太孤独了，必须要拉上一个垫背的。他所有的不满和妒忌，需要找一个出口发泄，当他觉得他不喜欢或者本应该不如他的人，过得比他还好，他的嫉妒心就发作了。

我想，我们应该避免成为这种人。在前行的路上，哪怕是同一起跑线上的人，都随时有可能被对方超越，何况，有的人生来就比你高了多个层次；但这不是我们让自己变得更糟糕的理由。

妒忌的心理，讽刺的言语，不会让一个人变得更高贵，只会让他在这条不正常的路上越走越远，越来越刻薄。

不要变得刻薄，不要具有过度的攻击性；否则，不幸福的状态会加剧、延长，会让人继续错下去。

如果你过得不够好，就努力让自己好起来，而不是处处与人作对，这毫无帮助。

不让嫉妒毁掉你，才是你人生路上最好的成长。

赚钱是本分，情怀是额外的情分

1

朋友所在的公司，曾在同行业之中是排得上名次的。

但鼎盛时期之后，却一再战败：老客户维持困难，新客户迟迟拿不下，再加上行业之争从未曾减弱，慢慢地，在下坡路上走得越来越远。

朋友说，最近老板与投资人正在分家，闹得不可开交。

投资人是个富二代，去年投了一千万入股；结果今年财务报账，一共盈利两百万，除去员工工资、保险各种开销，利润总共也没几个钱。

富二代不干了，要撤资。老板措手不及，愣在当地，骂投资人利益当头，落井下石，在圈子内极力抹黑此富二代。然而群众的眼睛是雪亮的，生意场上本就不能以情面度日，真实的利润才是追求之本。

投出去的钱，是为了赚取更多的钱，不是消耗，不是储蓄。储蓄的话去银行就可以了，何必煞费苦心耗费人力物力。

情面这个词语，已经被用坏了，工作、职业、生意之上，不以钱为基础的情怀听上去都会有点虚。

2

职场透明时代，却总能听到老板对下属说，万不可只看眼前，那是肤浅之人的做法；你得长远考虑，得先和公司培养出感情来，把它当成自己的家那样去爱戴，最好能吃住都在公司；白天忙碌是作为员工尽应尽的本分，夜晚加班是为了提升自己；你看，你不努力是毁自己的前途，你努力是应该的……

他说了很多，就是不谈涨工资和待遇的问题。

是，无论年轻还是年长，无论工龄几何，努力是对的，提升自己是应该的，多学点技能也是必要的。然而，这又是一个契约时代，白纸黑字，合同签着八小时工作制，忙不完加班是本分，忙完了帮忙那是情分。大家都是要吃饭穿衣出门见人的，拿人工资替人做事天经地义；反过来同样正确，给人做事，就应该得到对等的工资回报。

空白支票好开，人心收服不易。空手套白狼的事儿还是不要做，都是出来混的，谁也不傻。

如此，一旦总是讲求情怀，而不能拿实际待遇说事儿，从本质上来说是得不偿失的。员工不傻，自然你给几分钱就干几分活儿；更有甚者，懈怠敷衍，你不给他一个交代，他怎么全心全意费心费力？

3

在很多人的视野里，能谈情怀就不提钱，所以就总以为情怀能省很多钱。

比如，你租了个摊位卖水果，有那么几个人，每隔两天就来买几斤，要么少给钱，要么多拿梨，还一边拿一边说：“老朋友了，照顾你生意这么久，得再实惠点。”

你不情愿了：“小本生意，本来给熟人的价格就不赚钱，要再得寸进尺，只怕我还要给你倒贴搭钱了，请另寻高明吧。”

他们便愤愤不平：“都已经是老主顾了，怎么说翻脸就翻脸？真是无情之人，大家都有感情基础了啊，你看我总是来照顾你的生意，你多优惠点能怎么地啊？真是没诚意，你这个人，活该你水果卖不出去。”

你看，翻脸的从来不是你，是他们。

妄想以朋友“绑架”，试图用情感拉住你，你一旦达不到他们的期待，就会受到他们的伤害。

于是你总想寻个机会问一问，卖水果是为了什么？不是赚钱养家吗？不是更好的生活吗？为什么处处给他优惠，却还得不到欢心？为什么你的辛劳成了他的理所当然？稍有不慎，就可能连这点小生意都被搅和没了。

好人易做，却不见得被人认可。因为他太贪，他以情怀束缚你，却从不曾回报你相同的感情。

4

一朋友在医院做医生，每次有结识的新朋友都必然留了他的电话。他与我说，经常有新认识的人打电话找他，“帮帮忙给安排一个好点的床位啊”“帮忙给找个负责的大夫呗”“哎，作为医生的朋友，医药费给打折不”……这是哪里来的自信?

朋友因此讨厌社交。太多前来攀谈的人都带着把他当作“备用人选”的目的，用不着的时候就那样，用得上的时候来个电话张口就说“咱们关系都这么好了，你快帮帮忙”。

“医院是我家开的吗？”朋友无语。

记得最初有不少旧识得知我写文出书之后，便前来找我商谈：

“有个朋友开工厂卖牙刷，帮忙给起个名字啊。”

“亲戚家才生了个小孩，让我取名字；我哪会呀，你帮我取吧，对你来说那还不是分分钟的事儿。”

“新注册一公司，给想个宣传文案啊，三天之内就要。”

讲真，这要是分分钟的事儿，我干脆弄一“算命先生”的招牌走街串巷吆喝去得了，何必苦苦码字到凌晨。

这些姑且不论，关键是帮了忙却也从不落好。

“你看看你给起的名字，没有一个能用得上。”

“不是说三天就要吗？你怎么还不给我？”

“你出书了？给我一本！”

对不起，这个忙不帮。

论交情，你我久未联络，单凭你知道我写文之后来找我，到不了免费帮忙这一步。

论金钱，你从未付出过一点回报，我的时间有限，要去做值得的事情。

5

合作伙伴中，有一女强人。

最喜欢她做事不拖沓的作风，除了爱憎分明还亲兄弟明算账。

她可以请我们喝拉菲，却在项目合作中一千块钱也要算清楚；她可以逢年过节包个大红包给人，也不在算账的时候有所偏颇。

大家都遵循规则来，效果反而出奇的好，嫌隙滋生较少，合作效率居高。

这其实才是最良性的关系。

人与人之间的关系，一旦涉及金钱，就总显得不那么单纯。实际上，只谈情怀的关系更容易崩塌。金钱存在的意义，最能够衡量一个人的价值；没有基础的情怀，没有价值的体现，得不到共生。

这世上并没有什么免费的午餐，打情怀之名也不是长久之计，按照合同与规章制度办事儿才是正解。

别总拿情怀说事儿，很多时候，你们的感情并没有深刻到那一步。

宣扬原生家庭的影响，帮不到你

说真的，我脾气不太好。

我曾试图改变，却总是明知故犯。

为此，我终日苦恼，就像网络曾经很流行的那句话一样：对亲近的人过于严苛，对陌生的人过于宽容。

甚至当原生家庭的影响在网络大行其道的时候，我觉得终于找到了出口：你看，性格在十八岁之前已然定性，如今是我无能为力。我所有的缺点和矛盾必然承载着童年时代的经历，我的父母难辞其咎；我的成长带着被家庭刻上的烙印，像刻入皮肤的刺青，疼痛，却事出有因。

对于任何人来说，自我心理暗示不亚于一场催眠。我们总以为是自己的能力战胜不了现实，但其实不是，是我们认定的思维模式，导致我们无法得到想要的东西。

有个朋友，在他十三岁那年，母亲带他去算命；算命先生说他将来的情路非常坎坷，要晚婚，否则注定妻离子散。

我们所有共同的朋友，都听他提起过这个关于婚姻的预言，并且不止一次。

有女生喜欢他，并且已经忍不住倒追了；他说，算命先生预言他情劫难逃，他大概注定孤独一生。

他喜欢上了别的女孩子，眼看郎君有情，妾身有意，看上去一段良缘即将开始；结果他一再跟我们强调，尚未过三十岁，没达到晚婚标准，早晚要散的，不如不开始。

好不容易谈起了恋爱，女朋友说已到婚龄，希望用一生誓言，结百年之好；他说，他不能早结婚，不然会妻离子散。最终两人无法达成共识，以分手告终。

我们聚餐，常听他感叹："哎，生不逢时，造化弄人，命途多舛，一生不顺……"开始的时候，我们总是安慰他："不必相信这些妄言，生活是你自己的，恋爱也是你自己的，别人哪能一句话就断定你的人生？"

他摇摇头，表示宁可信其有不可信其无。

我们规劝次数太多，也难以解他心结；最终他已三十四五岁的年纪，仍旧未找到合适的伴侣。接下来，我们又开始听到他的另一番感叹："都是命啊，命中注定的。"

你说算命先生算得准不准？准，你看，他把自己过成了算命先生口中的样子。

他果然情路坎坷，无论是喜欢他的还是他喜欢的，都在半路夭折；他固守在早期就已经形成的观念，把算命先生的"金玉良言"当作自己婚姻的标准。

我不否认，他以后也许会遇见很好很合适的女子，可我始终觉得，是他自己导致了今天的局面。

这是自我暗示的结果，无法驾驭心理暗示，就会造成负面影响。

我们所说的改变命运，其实是正确地使用心理暗示，让其走上积极之路，为己所用。

如果说，我原来总是拿原生家庭的影响当作自己性格缺陷的借口；那么后来我终于意识到，人这一生，会被划分为很多很多阶段，经历不同，环境不同，都会对以后的人生造成或多或少的影响。

我们与父母之间，必然存在着不可逾越的鸿沟；即使社会如此进步，当今年轻父母如此开明跟得上时代，代沟也是一个必然的存在。

我们这一代人小的时候，尤其是农村，还停留在“棍棒出孝子”的观念里，那会儿从来没有人权，很多孩子受控于自己的父母。

我见过太多文章提到的原生家庭里，有的孩子从小被打，被辱骂，被剥夺玩的自由，被冠以各种笨、蠢的骂名，被拿来与邻家优秀的孩子做比较……太多了，如果要说性格缺陷，那人人都有，这个世界上从没完美的人。

那么你说，这个世界上有完美的教育吗？

也没有。

即便如今最先进的教育机构和教育方式，也并不能教育出一个完美的人。

即便如今最懂得运用先进理念培养孩子的家长，也不能养出一个性格完美的孩子。

别把所有的不公平都指向父母；他们所受到的教育没有你多，他们的世界观也没有你跟得上时代，他们的价值观与你的不符，但世界上大多数父母都是爱自己孩子的。

很多父母在孩子成年之后，比在孩子儿童时期要更加宽容，更跟得上时代，对成年的孩子也更好；那是因为，他们和我们一样，在成长，在改变。

我承认，原生家庭对一些人造成了不可小觑的毁灭，包括他价值观、世界观、人生观的形成，包括他对生活的热爱或憎恨，包括让他成为一个怎样的人。

但是你知道吗？世间千万人，很多偏执狂都是成功者，受万人尊崇；你羡慕他成功，他说他实际上有很多原生家庭的影响，性格有缺陷，人生悲观。

你是对的，还是他是对的？

在这个急功近利的社会，人人都渴望成功不是吗？

有人说感同身受，也曾经历了原生家庭的毁灭；有人说羡慕他的能力，正因为过去惨痛的经历，让他如今的光芒无与伦比。

不同的是，失败者沉溺于其中，让原生家庭成为阻碍自己努力的借口；成功者收起苦难，将其当作生活的附属品，扬帆远行。

苦难可以毁灭一个人，也可以成就一个人。当你别无选择的时候，你应该改变，而不是自怨自艾。

大肆宣扬原生家庭的影响，会加重很多真正深受原生家庭影响的人的悲观思维。因为他们终于有借口不努力，终于有借口接受自己安于现状，终于有借口一再强调自己的性格缺陷与生俱来改不了；这势必让原生家庭成为他们失败时候的借口，故步自封，听之任之。

华莉丝·迪里这个名字，一度让28个国家的男人都闻风丧胆，因为她提倡废除“割礼”这种惨绝人性的陋习。

她曾在4岁的时候被父亲的朋友强暴；5岁时被残忍地进行了割礼——这个所有非洲少女的残酷梦魇；十几岁，当父亲决定用5只骆驼的彩礼，把她嫁给一个年过半百的老头子时，她在母亲的帮助下，离家远走要摆脱这种悲惨命运。

她在英国历经磨难，后来遇见伯乐，被摄影师迈克·戈斯一眼相中。她若无其事的野性和倔强，来自蛮荒的神秘和高贵感，使她成为大牌设计师心中的女神；她是第一位登上《Vogue》封面的黑人女性，随后为香奈儿珠宝代拍广告，露华浓公司为她度身定制的广告语是：“来自非洲心脏的芬芳，每个女人都为之倾倒。”

后来她遇见爱情，并任联合国特别大使，出版自传《沙漠之花》，积极投身反割礼运动。

前半生痛苦不堪，后半生幸福美满。

她的童年，完全是原生家庭所带来的负面影响的真实写照。

可是如果她沉溺其中，反复以此为借口，不抗争，不努力，不改变，就不会有后来的她。

她翻盘了。

如果你觉得自己可以做到，那么全世界真的都会为你让路；因为你会试图寻找世间每一种可能，以求达到你此生的目的。

如果你认为自己做不到，那你就一定做不到；因为你给自己找的诸多理由，都是为了让自己安于现状而不必拼尽全力。

如果华莉丝也曾沉溺于原生家庭的负面影响之中而不向前走，就不会有后来的她。

你受的苦难有她多吗？有她的残酷吗？如果没有，那就收起自己的诸多借口，想改变什么就去改变，别拿童年和父母做挡箭牌。

有些人，他通篇告诉你原生家庭的影响你改变不了，但他心理强大，他能不让过去影响自己未来的人生；而你心理脆弱，也许你就会以此当作救命稻草，从而一再对自己说，你不是有意的，你改变不了现状的，这种暗示，终究让你真的改变不了。

过度提倡原生家庭所带来的苦难，就是一种自我逃避。

之前公司的一个同事，特别能作。

跟人谈恋爱，一定要对方千依百顺，稍微不称心就大吵大闹。

与朋友相处，不能反驳她的观念，不然就力争到底，每次与她交谈都不欢而散。

而且每次过后，她都会道歉，说她也不想的，但是孩童时期，父母总是吵架，让她很没有安全感。

她缺乏安全感，就会一再试探对方的底线，等到对方妥协、迁就，她才能心安。

她不断地跟我们解释，原生家庭的影响太大了，父母的教育太重要了。

她说得对吗？当然对，家庭是孩子的第一个课堂，父母是第一任老师；可是，虽然有人说性格在二十来岁的时候就已成型了，但二十来岁的年纪，你已经完全有了独立的思想和行为能力，你要改变这种性格，是可以的。

只不过你一再暗示自己，这不是你的错，是父母的错；这种暗示除了拖后腿，毫无作用。

如果说真有命中注定这一说法的话，那每个人都是命运的玩偶；而心理暗示就是操纵你的那根线，这根线会指引你去消极对待，或者积极改变。

如果你在孩童时期承受了一些那个年龄段所不该承受的东西，别难过，也别介怀。对于这些没办法改变的过去，你最应该做的就是：不要重复回忆你曾承受过的苦难，也不要过分放大它给你带来的不安；你就踏踏实实地过，顺其自然地走，该努力就努力，能改变就改变。

当你淡然处之的时候，你会发现，一切就那么顺利地渡过了。

别逢人就诉苦，也别入局就乱醉

1

石小丫其人，远比她这个名字要泼辣。

最初在朋友嘴里听到这个名字时，素未谋面，还以为是个娇小可爱的女子，最起码与这个名字相得益彰才最搭配；后来熟悉起来，从前的印象不久便被扔到了爪哇国。

石小丫的失意，在朋友圈里发挥得淋漓尽致。

早间文是：从前你陪我吃早餐，后来我吃着早餐怀念你。

午间文是：这扯淡的生活，本小姐不屑一顾。

晚间文是：无人问我粥可温，无人与我立黄昏。

凌晨文是：在这个城市里，再无我容身之地，我不离开，是为了曾经的情怀。

若只感慨至此，也不过是个矫情的文艺女青年，无伤大雅，说不定有人独爱此种口味；女子似水，总要有寄情之地。

然而石小丫一旦情绪爆发，像失灵的刹车，像拉不住的野马；及至每次相遇，倾尽一切言语，诉说她的半生不幸，幸福遥遥无期。

她工资高于前男友，她在爱情里做小伏低状，她戴着塑胶手套刷马桶，她按照菜谱煲浓汤。以为相爱是天注定，从此一生一世一双人；以为恩爱两不疑，执他之手，人生无忧。谁知委曲求全倾力所爱之人，一朝吵架，永久分手，以前的承诺竹篮打水，能留住的除了回忆，再无其他。

人去楼空，难过是应该的，失态也是可预见的。但石小丫恪守着一个失恋女人该有的状态，很久没有走出来。

她失恋一次，世人皆知。

老友听她诉尽了对方的千万般不是，新朋陪她喝够了入了愁肠的酒，石小丫逢人便说“负心之人必遭天谴”，转过身垂泪哭泣。

此后，只要有局，石小丫逢叫便到场，到场就喝醉，醉后就开始哭，哭得肝肠寸断。闻者无不陪其落泪，对劈腿之人愤欲杀之。

石小丫醉起来，喜好耍酒疯。

哭，一定是唱着戏哭；笑，也得是表演到位的苦笑。

哭得太多，眼泪就不值钱了；说得太多，也都是旧事重提。

一个男人，让她把回忆脑补得比经历还长。

招人喜欢的石小丫，再没出现过。

可是观众听得翻来覆去，最终麻木。

渐渐地，再没有人愿意听她诉苦，再没有人唤她入局；因为她的出现，意味着大家不能聊其他话题，除了安慰她，就是听她骂人。

前有祥林嫂，后有石小丫。

2

想起她，是惊觉好久没有她的消息。

当初介绍彼此认识的朋友说，她还没好；只不过终于去读了鲁迅笔下的祥林嫂，有要改的决心，也是好事。

成长是带着苦痛的，命运何其不公，只好借着酒抒发感慨无奈；只要伺机堕落，以为找到了发泄的出口，以为人生就此完毕。

可苦痛不会减半，只会随着你的提起一再刺痛你。

你的醉酒，在旁观者眼里，无足轻重；在奸诈之人眼里，也不过是个笑话。

见过不少醉酒耍酒疯的，借酒消愁的，唯独见到冷静的Niki觉得倍加好感。

Niki说，不用拿醉酒的人最实在这句话来作为交友的准则，总是醉酒的人也容易耽误事儿。

她说年轻的时候也犯过浑，喝多了，结果一不小心把好友的秘密说了出去。尽管她一再解释自己是无意的，是醉了不受控制的，但好友还是扬长而去，绝口不提原谅。Niki懊悔，从此再不允许自己醉一次。

哪怕社交场合，也尽量把场面控制在能力之内。

有一回她陪同客户吃饭，客户大概有些不怀好意，死乞白赖地灌酒。Niki说，换作以前，早就一饮而尽了，偏偏现在成熟了，多出很多理智；一旦醉酒，谁知道会发生什么？酒后乱性的罪名肯定会被安在她头上，哑巴吃黄连这种事儿，她是不会允许发生的。

于是，借着去卫生间的名义，用手抠喉咙，把酒吐出来。说出的话都是四两拨千斤，不必要的酒绝对不喝。

Niki这样的女子，才是智慧的代表；有些场合，不该醉的，一定不要醉。

3

我们都曾年少轻狂，喜好张扬自在，喜好个性彰显，每次都说着没事儿，人生得意须尽欢；可是人生需要自制，需要自律。

自律，在某种程度上，等同于自爱；而放纵，从一定意义上来说，是一种自毁。

不要拿着“人生苦短，及时行乐”来给自己找借口，所谓小节放纵，大节必失，一时的快乐可能会带来无尽的恶果。

过于放纵，还可能让自己陷入自怨自艾之中。由好变坏太容易了，你只需要不断地让自己回忆失败的过去，轻易就会陷入巨大的消沉之中；由自律到放纵，也太容易了，你只要不理世事，整日游走在醉醺醺的世界里，这是一场恶性循环，不会有柳暗花明。

大部分人，都是不喜欢祥林嫂的，尽管她可怜。

大部分人，都是不喜欢糊涂人的，尽管他实在。

过于陷入诉苦和醉酒情结的人，最容易获得更坏的结果。这其中的过程，就是逐步放弃，一个放弃自己的人，也终究会被别人放弃。

拿自己的人生去试错，实在过于幼稚。你在当下的颓废里，可能并不知道，也许清醒的明天才更有意义。

德拉克洛瓦曾说："一个人想要明白事理，首先就要做到诚实而有节制。"

生命的真谛是获得幸福感，是在可见的时间里，做可行的事儿，是真正的快乐，而不是无知的快乐。

人生没有回头路，与其多年之后后悔，不如现在就懂得自律。你得知道，并没有那么多重要的事情让你伤心，也没有那么多酒要醉。越诉苦，越醉酒，越得不到想要的心安理得。

不要用别人的口出狂言，定义自己的消费理念

现在流行“一言点醒你”的“恍然大悟”体。

比如总有人撺掇你，人生苦短，及时行乐，一言不合你就去买包啊，越贵越好；你当妈怎么了？你没上班怎么了？你配得上任何奢侈品。

比如你要多看看这个世界啊，你不去英国、法国、美国走一走，怎么知道外面的世界有何不同呢？

你要充电？去报名商学院啊，那里才能给你最好的人脉关系网，你整天去菜市场买菜是不可能有进步的；别担心钱，你这是给未来的自己投资。

像是突然醒悟了一样，步履错乱，摇摇欲倒。原来，从前都是错的，女人还是要投资自己啊；于是拿着信用卡就去了“长草”很久的专柜。

蛊惑是一件轻而易举的事情。

只要说到了对方的心坎里，简单一句话，甚至几个字就够了。用一句比较流行的话来说，就是：“你get到了她的点。”

对于很多女人来说，刷卡买买买这种姿态太有诱惑力了，这几乎成了很多女孩儿目前的奋斗目标。她们可以大声向世界宣告：“就是要用LV的手袋、迪奥的口红、香奈儿的包，舍不得送？麻烦你拜拜走人，本姑娘不需要一个不舍得为我花钱的男人。”

这种观点，分阶级。社会中有钱人、富二代太多了，她们不需要这种口号，香奈儿是她们的家常便饭；穷人也太多了，她们用不上这种观念，买不起也没办法，只能一边羡慕一边告诉自己要努力；最受影响的，恰恰是一些条件还可以，但挤不进上层消费人群、又不甘心让生活呈下滑趋势的群体。

坦白说，就是经济跟不上，但觉得人生不能委屈自己的人。

女人。

当有人与她说，你不该过现在这种生活，你值得更好的生活；你得让自己看起来高贵，你得买买买；你不能做饭，但要找一个给你做饭的人；你喜欢看偶像剧，但你要找一个不看剧还上进的男人；你喜欢买奢侈品，你得找个各种纪念日都记得，还送珠宝首饰的人；你就该多花钱打扮自己。

你看着看着，眼睛湿润，深有同感，这说的不就是自己吗？然后你就开始了这样的内心独白：

想当年我也是一朵花儿，怎么如今就沦落到赚的钱都给孩子花，自己却舍不得添置一件名牌的地步？现在是最好的年纪，不好好打扮自己，以后可就老了，再打扮也不好看了，等到60岁买一件

20岁那年喜欢的裙子还有什么意义呢？再说了，人家不都说了，这是投资自己吗？

于是你一狠心，刷积蓄去买了迪奥的整套护肤品，爱马仕的丝巾和浪琴的手表，把自己从头到脚全副武装了起来。

等你从这个兴奋劲儿之中走出来，你去超市买东西，刷卡的时候营业员说余额不足，换了张卡还是余额不足；你突然想起来，还没发工资，信用卡也刷爆了，怎么办？去掉不必要的东西吧。

到最后，你拿着两袋子卫生纸对比哪款更物美价廉，你看着购物筐里能买的东西寥寥无几，忍不住叹气，当初怎么就没忍住呢？

能力范围内买最好的东西是对的。赚钱哄自己开心，自得其乐的状态，只要负担得起就好；但是当赚钱能力与购买能力不相匹配的时候，你要做的不是执行，而是赚钱。

这一件貂皮，非重要场合不敢穿，穿了一个冬天不敢洗，送去洗一次的价格够买件寻常衣服了。

那一瓶香水，要省着点用，要见重要的人再用，期待别人能闻得到香水味，期待别人得知你的品位；可一转身，还是要想着如何付个首付，按揭几十年贷款，那些小小的虚荣所维持的时间太短，快感之后往往伴随着巨大的失落感。

就像知乎上那个帖子写的，一个女人花了两个月工资去买一双鞋。姑且不论她与丈夫为此争吵生气，我想，她自己内心都是纠结而犹豫的；这双鞋给她带来的满足感要小于委屈感，因为她暂时可能不会有能力和决心去购买另外一双，她甚至可能为了搭配这双鞋子的衣服而发愁。

少妇易受蛊惑，是因为女人的攀比里，最重要的一条是嫁了一个什么样子的男人，这将最直接地体现她的好与不好。毕竟你单身的时候穷就穷了，你可以被当作是弱女子；但婚姻里你输不起，那么多不是姐妹的女人们等着看你的笑话。

结婚前买不起的，结婚后也没能买得起，甚至还低了好几个档次，生活质量一再下降，给自己打扮的钱还不如省下来给孩子买个品牌的奶瓶。

往往这个时候，就会产生摩擦。

不是说女人生完孩子也要爱自己让自己更美吗？不是说柴米油盐中也要保持优雅吗？不是说必须要有一款心爱的口红吗？

你一点存款都没有，连保姆都请不起，父母在老家种地，没人看孩子你只能辞职；这个时候你花老公一个月工资去买一个包，那不叫潇洒，不叫爱自己，那叫自私。

现实就是这样，如果你觉得无法忍受贫穷的生活，有三点，你可以提前改变生活轨迹。

第一，预防；

第二，预防；

第三，预防。

预防什么？

不要嫁一个没钱还不上进的男人，预防“贫贱夫妻百事哀”；不要在钱不够的情况下生孩子，预防你郁郁不得志的时候影响孩子的教育和人生；学习，预防自己成为一个只知道追求眼前物质，从不懂理财投资、规划人生的笨蛋。

我从来不认为女人就应该要过得节俭，围着锅台灶炉转，围着老公孩子转。女人当然应该有自己的工作、圈子、朋友等各种资源。

可是真正的高贵并不是所谓的花几个月工资去买一件虚荣的东西。

一个母亲，当然会想要把更多的金钱花费在孩子身上，这是本能。

一个懂得生活的女人，会在自身打扮与家庭之间平衡，亦会保持收支平衡。

一段正常的婚姻，两个人肯定要为无法预料的变故和未来的人生做准备，肯定把存款和理财投资放在买包之前。

这没有什么不合适，这也不是放弃自己，这是试图在幼稚与成熟之间进行转变。不买奢侈品不一定就是黄脸婆，寻常物件、大众品牌也可以让你看起来很干净，很优雅。不必过分夸大买买买的功劳，随波逐流的迷失不一定是好事情，坚持自己才是最好的。

真正的优雅，不是靠各种牌子货堆积起来的，是气质。

真正的安全感，除了靠脸支撑以外，还要靠脑子。

有个朋友，曾无比热衷于买品牌货，每每出国游玩，总是大包小包地带回来。再过几年之后，她居然开始穿棉麻裙子，身上衣物竟很少见明显的品牌logo，她说这套衣服牌子很大众，但是款式不错，质量耐穿，舒服又大气，也挺好。

年轻的时候，买件奢侈品要全网直播，朋友圈微博刷一遍，同学聚会带着，去见客户穿着，满心期待着所有人都来询问，尽一切可能成为全场瞩目的焦点；年长的时候却避开明显logo的东西，把从前的张扬全部清空，更看重知性优雅和沉稳得体。

内心空无一物的时候，要依靠一些虚浮的东西来支撑自己的渴求；真正见多识广的时候，你只会会心一笑，淡然处之。

有些女孩靠着美貌就能过得比你好；有些男孩靠着父亲不用再奋斗；甚至我的一些朋友，他们没上过大学，但人手好几辆价格百万以上的车，因为父辈有钱，不愁吃穿，随心所欲地吃喝玩乐；羡慕吗？他们可以对你说，你要买买买，你要善待自己，你要爱自己。他们可以做到，你不一定能。买奢侈品是他们的日常，却可以让你分分钟进入吃土行列。

你可以努力几个月做兼职，想各种方法赚钱，甚至省吃俭用买一件奢侈品。但你要明白，如果你没有能力天天用，那这种消费状态，还不是你应该持续过的生活。你的努力，应该是去拥有对奢侈品每天的使用权，而不是碰一下就无奈地放回去了。

所以有时候得学会分辨，分辨现实和想象的区别，不能盲从，听信别人对使用金钱的呼喊，认为那样才是真正的不委屈自己。其实坚守自己的阵地就挺好，找到适合自己的，干干净净、清清爽爽、大大方方。

我们的努力，确实是要过好一点的生活，但绝不是别人眼里的高贵，不是拼尽勇气只买一次品牌来体验，也不是用几个月工资堆一次在他人面前扬眉吐气；而是让各种奢侈品配得上你，让自己高贵得有底气。

在此之前，你得努力获得这种能力，而不是暂时买来装样子。

华丽的包装里一定要有一个有内涵的躯体。

条件允许的时候，你有权随心所欲。

条件不允许的时候，请你量入为出，为拥有那种能力拼尽全力。

生活的质量

1

夏天，我们和朋友约好了自驾游；没有特别明确的目的地，就是附近的几个城市，开到哪儿算哪儿。

我对这种随遇而安的自驾游心存期待，不知道前方有什么在等着我们，或许是惊喜，或许是惊讶；总之，跃跃欲试。

一行人，一路向南。

但到达第一个城市的时候，我和另外一个朋友因酒店住宿问题产生了分歧。

这个朋友属于比较会过日子，钱一定会花在刀刃上那种，精通理财。她主张找一个普通的小旅馆，将就即可；毕竟接下来，我们还要陆续去好几座别的城市，去除油费、过路费，住宿与吃喝也是不小的花销。

相比较而言，我就显得大手大脚。我坚持住好点的酒店，因为我觉得自驾挺累人的；秦先生他们在高速上连续开了几个小时的车，精神高度集中，小旅馆的环境并不好，休息质量必然会大打折扣。况且，我们还带着孩子，小旅馆的水质、服务和卫生很难得到保证，也并不十分安全。

其实在日常交往中，我与这个朋友并无任何冲突，及至此次旅行，我们也只是各抒己见；最终他们选择了普通旅馆，我们家和另外一家朋友选择了星级酒店。

我们之间存在的是个人需求不同，所以并不存在要劝说对方服从自己的问题。站在我的立场来说，我希望我的生活，包括出行，都是有质量的。

这一年里，时间那么有限，可能我们也只会进行一两次的自驾游；我们出去玩是为了放松，为了体验不一样的生活，为了增长从前所不知道的见识，而不是为了过得还不如在家里。我要看看这大千世界的美好。因此，我要旅行质量，最起码，是能力范围之内的旅行质量。

其实，我是个比较注重仪式感的人。比如，我喝咖啡的杯子，是绝不能凑合的，必须精致，欧式的，所搭配的勺子不能普通；我喝拿铁，只要我去过的咖啡厅，我都会点拿铁。

我做饭会摆盘，追求把食物做得不但好吃，还要美观；至少摆桌之后，看上去要舒服，要让人有食欲；盛放食物的器具，我都会选择别致一点的。

我不太介意情人节和生日，但我注重结婚纪念日。我会在这一天准备惊喜，准备礼物，准备大餐；我不只要秦先生为我准备什么，我也会想能为他做什么。

秦先生的衬衣，我一定是要熨好了才让他穿出去，那代表了他的衣着得体，是他的“面子”。

我做面包，需要揉面的时候，很少用面包机，每每都是拉过秦先生来，让他充当苦力；他总是哭笑不得，又总是坚决配合。我想哪怕是只做一个面包，其目的也不一定是为了吃，而是在这个过程中，我们得到了幸福感。

在我们的生活中，弥漫了太多负能量，无论是十几二十岁，还是三十而立、四十不惑之年，仿佛都不断发生着我们不喜欢的事情；在这种生存条件中，人总会不自觉地有戾气，有抱怨，有悲观，甚至还有止步不前。

我们需要在那些不堪的日子里，寻找到生活里的意义。这样，才能够坚信并且坚持去做自己认为有希望的事情。

2

很早以前，我对生活没什么要求。

那会儿别说生活质量，连身为女子该有的我都没有精心装扮过。不喜欢化妆，也不太注意如何搭配衣服，觉得浪费时间；每次行走，都是匆匆忙忙，从来没有欣赏过路上的风景。

我跟那个朋友一样，很节省，什么都要求性价比最高的，明明不喜欢，但就是抵不过贵和实惠之间的选择，最终偏向了实惠。

但是打折买来的衣服我们通常不喜欢穿，轻易得到的东西总是不那么珍惜。三五天不洗的头发只会让人更颓废，住便宜的旅馆不仅不开心，还要担心卫生问题。

生活质量这个词，不会有人陌生的，我们成天挂在嘴边，写在状态里，有时候还会付诸实际行动。

为什么说是有时候呢？

因为大部分时间，大部分人，对自己的生活质量是敷衍的，甚至都不会刻意去想到这个词语，更不必谈实践。

我们最容易陷入的状态就是粗糙。

粗糙久了，会让人心生厌倦。

看着伙伴们一个个把自己打扮得青春靓丽，一个个把自己的小日子经营得很好，谈恋爱的谈恋爱，收拾屋子的继续勤劳，我就觉得，生活被自己毁得很严重。

是的，我用到了“毁”这个词儿，我甚至坚信，生活得不好，都是自己毁掉的。

毫无质量的生活所带来的，是大面积的颓废。“京城瘫，葛优躺”，甚至没有任何自制地学习与社交，没有好的目标支持着我们往上走，整个人就会逐渐枯萎下去。

没有动力的人生，毫无生趣。

3

有个同事养了一只猫，灰白相间的。

她经常拍一些猫咪的照片发朋友圈，有时候是背影，有时候是小猫的自娱自乐，也有时候是小猫睡着之后温顺的样子；每次我们去逛超市，她都会跑到猫粮区域转悠；有时候她还会饶有兴致地给我们讲她家小猫的故事。

她的猫有一个特别温馨的小窝，同事搜寻许久，终于搜寻到一款比较满意的沙发状猫窝，于是赶紧给她家小猫装饰起来；她家的餐桌上，总是有一席小猫的位置；我还曾跟她开玩笑地说，做她家猫真幸福。

养猫也是生活乐趣的体现，她不仅要管理自己的人生，还要打理“猫生”，她乐在其中。

同事说，既然养，肯定要好好养，就把它当作一个朋友吧，或者，一种寄托。

人总要有些寄托，这些寄托恰恰是对生活有兴趣、有期待的表现。

其实生活无非就是一会儿有希望，一会儿又失望，间歇来点绝望的反复循环。当你觉得对生活不甚满意、有些失望的时候，那可能是生活质量下降了；你需要重新振作一点，总要有些奔头，总要让当下走过的路，跟以前的不一样，总要在多年以后回想起来，不至于觉得从前的日子是荒废了的。

可以的话，赋予生活一些真正的意义，在前进的脚步中，多一些小情趣，多一些有质感的生活。

除了爱情，你没别的事可做了吗？

1

一个妹子，二十岁，跟我诉苦。

“君生我未生，我生君已老。

“恨生不逢时，多情总被无情恼。

“卡西姐，你知道，我已经很累了。

“经历了这么多，我该成熟了，可往事一幕幕，夜晚如此孤独。

“卡西，你瞧，我才十九岁，对于人生，已经看得如此透彻。”

我：……

透彻？不不不，这完全是满分的矫情啊。

究其根源，妹子爱上了一个比自己年长的男人，且男人有家室。于是妹子整日发微信消息给我，除了哀怨愁思，就是寂寞孤独，再不然就是问我：“卡西，你说我该怎么办？”

我劝她，几乎倾尽招数。

温柔的劝慰、疾言和厉色，甚至恨铁不成钢的斥责，妹子前脚跟我说“谢谢西姐又听我唠叨，你说得对，我不会再这样糊涂了”，后脚又来“臣妾做不到啊”。

几次三番，她乐此不疲，我筋疲力尽。

讲真，十九岁，难道不是应该研究学习、实习的年纪吗？爱情有最好，没有也能欢快度日，应该时刻充满希望的啊？怎么就成了“寂寞空庭春欲晚”了？

妹子说：“卡西姐，你不也是从年轻走过来的吗？”

所以啊，我要以过来人的身份劝你了；真的，年轻的时候别把爱情当作活着的唯一标准，不然，有你后悔的时候。

2

想起有一次外出办事儿，因为走错了路，导致停车的地方与目的地之间还隔着一座高架桥，索性步行转过去，纵横交错的桥下面是倾斜的十字路口：人行道、红绿灯、绿化带、拐角、车流人群，络绎不绝。

我站在人行道的一边，等待绿灯亮起，然后走向另一边。

红绿灯一变颜色，周围人群抬步而走；眼看再多走几步就要到对面的台阶，我右手边戴着耳机的女孩儿突然停步不前，不知道在想什么。

我之所以注意到她，是因为所有人在我的左侧，只有她在右侧；便习惯性地转头去看了一下，正巧看到她停下，也正巧看到她的右侧，我们所有人的右侧，冲过来一辆白色的轿车。

亲临其境，才能体会到什么叫作“说时迟，那时快”，我赶忙拽了女孩，嘴里喊了句：“快走。”两人匆忙踏上了台阶，白色轿车从我们身后呼啸而过。

我猜想车主是在黄灯的时候加了速，想要抢一秒的时间。

其实这不是多么惊险的画面，正常情况下通过是没有问题的。司机开车的速度大概在五六十左右，如果我们不快速跑过，他大概也来得及踩刹车。

我们刚刚站到台阶上，女孩尚处于惊魂未定之中。待她缓过神来时，就开始掉眼泪，后来终于忍不住，蹲下身大哭。我看了看手表上的时间还早，便从包里掏出纸巾递给她。

她头也不抬，接过去就擦泪，她一直哭，一直哭，看不到别人诧异的目光，也不管上班是不是要迟到了，更不在意刚才的她是否经历了一场危险。女人果然是水做的，总是有擦不完的眼泪和伤不完的心。

我犹豫了一会儿，打算走了，女孩终于站起来，抽抽搭搭地跟我说：“谢谢你。”

我连忙摆手，说没事儿，就是不管发生了什么，走路得看路呀。

女孩儿继续擦眼泪：“失恋了，控制不住。”

嗯，我也猜到了。

女孩儿没有继续说的意思，我也没有继续问的意图，萍水相逢，说句话已是奢侈。

自此，她向南，我向北，擦肩而过。

可是，我后来想起这件事，还是心有余悸。

对于很多年轻人来说，爱情大过天，几乎是不争的事实。

莎士比亚笔下的恋人们，不惜殉情，以此证明爱之深，情之切。

少年维特也在一见倾心里，爱上绿蒂；又在得不到爱情的时候，失去理智。

让人无法承受的，是失恋的打击，自卑、自伤、自残……仿佛陷入了无边的沼泽，怎么也走不出来，小说中的情节，现实中分分钟上演。

3

我们都曾年少过。

可是年少的爱情却很少圆满过。

在信息闭塞的少年时代，与同学之间的好感丛生，对打篮球帅气的男神迷恋不已；人人都渴望美好，渴望向强大的人靠近，总不自觉地以为，他们就是最完美的世界。

事实上，我们尚未见过完美的世界。

你可能还没去过世界最高的大厦一睹真正的王者之风。

你可能没见过北极那梦幻般的极光。

你可能还有很多电影没有看。

你可能不知道，未来有更好的骑士执剑而来。

年少的人啊，总以为眼前的世界就是整个世界，生生把坐井观天演绎成了冗长的电视剧，在自己的情绪臆想里不断加戏，却不知真正精彩的戏码，尚未到来。

有个朋友，生活里大部分的时光都用在了与爱情无关的事情上。

她是一个画者，我不敢轻言她是画家。因为在我不懂的领域里，我只是一个旁观者，作为外行来说，我喜欢她的画。

她曾在美术馆办过一期画展，来参观的寥寥几人。

我问她："是否失落？"

她笑言："有那么一点，但意料之中，也不觉得有什么。"

她说自己办画展，纯粹是为了圆儿时的梦想；毕竟已经坚持画了这么多年，她从小学二年级的时候，就已经想要当一个画家了。

她失恋的时候，钢琴已经考到了八级，并且才开始学习潜水不久。念及失恋的缘由，左不过是性格不合，意见不融，聚少离多，缺乏共同语言；听上去冠冕堂皇的理由，于他们来说，却最合适不过。

不是不伤心，可从未见她失态过。有人问，她是不是没有真心相爱过啊，怎么没见她流眼泪？

眼泪掉落在他人看不见的地方，从不示与不相干的人；脆弱有时，怀念有时，想哭有时，心痛有时。然而，她却知道自己还有很多事情要做。

有大把朋友等她聚会畅饮。

有家人为她做满桌好菜。

有钢琴可以弹，可以继续考级。

有潜水等着她继续练习。

还有远方的世界，从未见过的世界。

弹琴是爱好，画画是爱好，潜水是爱好，爬山是爱好，旅行是爱好，赚钱是爱好。她说，爱好那么多，都还没有一一尝试过，她还没有穿越沙漠，亲手摸一摸生命力顽强的胡杨树。

她不愿意让时光耗费在执念上，人生不是只有一种感情，爱情不是全部；她还有很多事情要做，只有那些事情，才足以让人生更加美好。

4

记得看过一个段子，女生失恋之后环游世界，疯狂购物，很短时间内已然看开放下。友人问她是何缘故，女生说，大概还是因为有钱吧。

有人说，我们的世界太小了，小到无法承受任何一点风雨，无法面对任何挫折；一场爱情的不如意，就极有可能把你打倒，从此翻不了身，或者，你从未想过翻身。

自怨自艾，蓬头垢面，全无往日光彩，只剩憔悴不堪，失去了爱的人，就像失去了全世界一样。

那样痛苦的爱情，仿佛一生只有这一次了，仿佛生活定在了此刻，不幸的结局不会更改了。未来已没什么值得留恋，太阳会照旧升起，身边却不再有你。人生的这一阶段已经死去，活着的是残缺的灵魂，没有目标，没有希望，没有生气。

可是，你忘了看看窗外，花儿开得正艳，风吹得正欢，远处有学校传来的琅琅读书声，近处有朋友为了安慰你组起的饭局。

你甚至忘了自己的贫穷。

你的失恋除了躲在家里哭，就是躲在公司的卫生间里哭。你看看人家去世界各地旅行疗伤的，你看看人家失个恋也不放弃自己专注学习的；只有放宽眼界才会更快地走出来，才会遇见更广阔的天地。

爱情这件小事情，远不足以承载你的一生；焉知这不是塞翁失马，焉知下一个路口没有更好的人在等你？

大好年华，不要放弃。

周末好时光，约上三五好友远足，黄色的树叶落下，随便一处都可拍尽风景。

人生啊，还有很多美好，不如，你去体验下。

对于伤害了你的人，谈原谅没有意义

好友最近回了一趟老家，却凭空生出很多烦恼。

一个与她有着三代以内旁系血亲关系的叔叔，因为与人发生口角打架而住院了；父亲叮嘱她，难得回来一趟，又赶上了这么个事儿，买点东西去医院看看吧。

好友说，她不去。

父亲实在，对好友这种不作为看不过眼，连连指责她不尊敬长辈；好友不过就事论事说了几句，父亲立刻又把指责上升到“去了趟大城市连家乡的路都认不得了”的高度，如此云云。

好友与我诉苦，并非她没礼貌，实在是希望离那种人越远越好。

好友的父亲在兄弟中排行第三，叔叔一直称呼他三哥。村子里各种关系复杂，陋习盛行，那个因打架而住院的叔叔，本不是善类。

好友说，她小时候家里养了两只狗，一只大黑狗，一只长不大的京巴；父母忙起来顾不上她的时候，这两只狗就是她最好的朋友。

可是在农村，狗是极其没有地位的，家家都有，从来没有人重视。有的狗冲到马路上被车撞了，主人从来不管，任其自生自灭；有的逢年过节甚至被人打死了，吃狗肉。

好友是个贴心的姑娘，她从来不用链子拴狗，她给了两只狗最大的自由和尊重，自己吃什么，就喂给它们什么，能带它们去的地方，绝不放在家里；在一定程度上，这两只狗是她年少时光最好的陪伴。

可是好时光被那个叔叔给终止了。

他有一次喝醉酒去好友家串门，说是串门，其实有点闹事的意思，就是借着耍酒疯找碴；说好友的父亲窝囊，连个多余的宅基地都没有；说他自己多厉害，没人敢惹他；又指着好友说："没用的丫头片子，还读什么书啊。"

说到兴头上，哐当一下子把酒瓶子朝着好友的大黑狗扔过去；大黑本能地要跑开，却还是让酒瓶子砸了腿，回过神来的大黑，对着叔叔就扑了上去，好友愣在当地还没反应过来，大黑张嘴就是一口。

那个叔叔，一下子疼得醒了酒，破口大骂，一家人手忙脚乱地送他去医院打针。

打针要花钱，吃住要花钱，买礼品也要花钱。叔叔不满意，说还得要精神损失赔偿，还得要误工费。总之，一边口出恶言，一边要实质性的好处。父母都是老实人，知道自己理亏，也不分辩什么，只默默把钱准备好。

父亲回家，抄起棍子就要打大黑；好友急得直哭，说不关大黑的事儿，是那个叔叔有问题啊。

夏天的夜晚带着燥热，好友在院子里跟大黑聊天；不知道大黑是否意识到了自己做的事情，它很安静，全然没了平时的好动。

讲到这里，好友红了眼圈，缓了一会儿才说，没想到那是她与大黑最后的时光。

大黑失踪了。

好友焦急地满村子寻找，一无所获。

母亲安慰她："可能是跑得太远迷路了，狗都认家，会找回来的。"父亲气馁："回不来正好，省得添乱。"

好友除了寻找和等待，别无他法。

直到有一天，她再次遇见喝多的叔叔在大街上与人吹牛，他说："这年头，人就是要厉害点儿，你看我，谁敢找我事儿？就连老三家的狗咬了我，我都不能让它活着，打死卖掉完事儿。"

那个瞬间，十几岁的好友突然意识到，有的人并没有人性。她跑回家哭了很久，她恨那个叔叔的可耻，恨自己的无能为力，恨懦弱当头，连跟他对质争辩的勇气都没有。

他始终是个长辈，是本家，是有着遥远的血缘关系的人。可他又是一个恶人，做着一个长辈不该做的事。

这些年，好友几乎已经脱离那个村庄，她在大城市定了居，有了房子和车子，连户口都已经迁走了；对于那个家乡，因为父母在，所以逢年过节一定会回去。

但她见到那位叔叔从不打招呼，能离多远就离多远。

有时候谈及往事，母亲会劝她："那个叔叔也老了，现在不敢像过去那么嚣张了，你就别记恨他，怎么说也是长辈。"

好友与我说，她已经不恨了，那些事情久远得就像上辈子一样，也不必谈什么原谅，对方并不在意她的原谅。只是那件事情让好友第一次有了逃开的心思，她要远离这样的穷山恶水，她要远离那里的无素质人群，她要有能力，去保护她的狗，保护她爱的人。

有些人伤害你的时候并不以为意，对于他们，你谈原谅都有点自作多情的意思。因为没人在乎，也没人需要。他们的素质一直停留在最底层，他们的本质就是坏的。

你怎能奢望坏人意识到自己的恶？你怎能跟一个从不认为自己错的人谈原谅？

"是的，他年纪大了，没了往年的威风，孩子们也不在身边，他的晚景颇有点儿凄凉。但这轮不到我去看他，于我来说，他是陌生人；况且，可怜之人必有可恨之处。

"这么多年了，那个叔叔还是一如当年，打架斗殴，毫无长进；他的儿子甚至在重复着他所走过的路，这让我觉得我的远离无比正确。"

我曾遇见过一次欺骗。有个关系很不错的女孩儿，在没经过我允许的情况下，在我认为两个人是好姐妹的情况下，将我的手机号私自给了另外一个很不好的人，导致我屡次遭到恶语相向，常常收到威胁信息，学习生涯就遭遇了极大的困扰和不安全感。

那时候我还年轻，始终没有想明白，一个女孩子怎么会将另外一个关系好的女孩子置于水火之中。

后来逐渐疏远她，我做不来她的恶，干脆就不要这种朋友。谁知她竟然打来电话，说想我了，问我怎么不联系她，我不知道如何开口。

及至今日，我也从没想过她的行为到底值不值得我原谅。于她来说，是她随意为之，她并不认为自己是错的；于我来说，一切都不如云淡风轻来得痛快，哪怕是厌恶，哪怕是反感，也都是需要浪费我时间和精力的，我一点都不愿意浪费在她身上。

每个人都可能遇见一些恶人，伤害了自己的人，有人会跟你道歉，不论真诚与否；有人永不会跟你道歉，无论他做过什么。

你可以恨他，可以讨厌他；但你得知道，有些伤害了你的人不会因为你的态度而意识到自己究竟做了什么，更不可能为你改变。真实的生活中也并没有那么多“当年你欺负我我无能为力，如今你来求我你高攀不起”的戏码，很多时候，如同失去大黑的好友所说，谈原谅毫无意义。

你的那些情绪也毫无意义。

原谅与否不是最终的结局，真正有用的，是你应该努力变得强大，远离那些人，去加入更好的圈子。

要爱你自己，不好的才不会来欺负你

1

因为工作压力较大，我的脸上长了痘痘。

两三个月之久，皮肤反复无常地变化。生活琐事较多，工作异常忙碌，再加上写书稿，更文做推送，就一直任由皮肤粗糙下去，忙到紧要时刻，连面膜也不记得敷一片。

等到发现皮肤暗黄，缺水严重，我才开始焦虑起来。尽管如此，却仍旧把自己置身于忙碌疲惫中，并未改变现状。

直到我闺蜜问，怎么最近都不发自拍了。

我跟闺蜜不在同一个城市，所以不论去哪儿玩，或者吃了什么做了什么，经常会拍照片发给对方。于是，听她一说，我赶紧去翻了翻两人的聊天记录，果然，发给她的都是风景和食物。

我说现在给你发，便打开自己的手机相册，良久才沮丧地回复闺蜜，不是不发，是根本没照啊。

是的，两三个月，我一张自拍也没有。

作为一个极其自恋的人，没有自拍绝对是不合理的。大概是因为，那段时间我的状态确实非常不好。

因为连续的忙碌，皮肤的恶化，导致我连照镜子的欲望都没有。更别提化妆打扮自己，基本就是素颜出门，能不穿高跟鞋就不穿，能穿牛仔裤绝不换裙子，能宅在家里则一定不出门。

我还记得有好几个朋友跟我抱怨过，冷落她们太久了。每次聚会我都不去，撸串不去，爬山不去，台球不去，连最喜欢的K歌也不去，都快与世隔绝了。

我连连叹气：“你们哪儿知道我的苦啊，我太忙了，我也想清闲啊，而且我皮肤越来越差了。”

说完却忽然意识到，我正过着自己不喜欢的生活，并且还在将这种失落感加剧。

突然觉得不能这样下去。

我那会儿一直担心皮肤影响了我的形象，而且身体总是歇不过来；于是终于腾出时间，去了趟医院，前前后后仔仔细细做了个大检查。

原以为，多日反复起痘的皮肤，定是根本上出了问题；结果验血、仪器检测等各种结果出来之后，医生沉思良久后对我说，都没问题。

啊？

我内心早就做好了要进行彻底调理身体的准备，你给我一切指标都是正常的结果?

我跟同事们说，早知道这样何苦刷卡刷掉那么多钱。

同事纷纷笑骂我：“人家都是花钱买放心，你怎么还期待检查出什么毛病来，傻不傻？”

是啊，真挺傻的，应该高兴才是。

不知道这算不算是好消息，只知道，听完医生和同事们的鉴定之后，我整个人忽然好了起来，又恢复到从前那种开朗的状态。

然后就把工作尽量控制在下班之前完成，每天晚上坚持做面膜，早晨恢复了跑步的习惯，也有时间去健身房锻炼了。

令人惊喜的是，痘痘消失了，皮肤好了起来。

大约是皮肤知道我特意去医院花了钱，证明了我对它的重视，所以自己好起来了。我又开始跟朋友们开起玩笑来。

朋友说，是因为你又开始善待自己了。

是的，那段我不喜欢的日子，其实是我没有善待过自己。

我在工作的忙碌里，在给自己设置的压力中，忽视了我的心情和喜好，忽视了爱自己，将一切评价的机会留给外界，唯独把邋遢和敷衍留给了自己。

大概不只我，很多人，都是不知道如何去爱自己的。

2

有一次等车，听到一对情侣聊天。

女孩儿委屈地说："我觉得很难受，可能是我做的东西不够好她才看不上吧。"

男孩儿安慰她："你已经做得够好了，为了她的请求，晚上熬夜给她设计图纸，连着一个多星期都没好好休息；总不能因为她不要，就怀疑自己的能力。你做得真挺好了，用别人的眼光惩罚自己，实在不应该。"

女孩儿沉默着，男孩儿于心不忍，把她拥在怀里。

那瞬间我忽然有些感慨，看过太多"生而为人，我很抱歉"的句式，也曾自卑和叹息，以为自己不够好，以为命运的眷顾都给了别人，孤独是夜里的呼吸，几近窒息。

甚至于多数时间都生活在别人的眼光里，要让所有朋友觉得舒心，要照顾别人的情绪，要把工作做得完美无缺，要讨好这个世界，要搞好一切人际关系；炫耀是为了得到夸奖，努力是为了得到赞同，所经历的一切，都想要烙上别人认可的印记。

可是后来成熟些之后，经历得多了，才慢慢明白：生活是自己的，如果感到痛苦，多数是在自己为难自己。

你好心帮了别人，对方不领情，摆出一副"你为什么帮倒忙"的样子，你的不好意思和抱歉瞬间飙升，甚至也不顾不上自己委屈，全力挽救，尽量让对方别那么生气。

你工作认真努力，专注提升自己，有同事背后说你"特立独行”，说你不合群，说你装冷艳还认为自己与众不同；你在深夜里哭泣，明明你只是想做出一些成绩，这样不对吗？对，只是他长舌而已。

你失去了恋人，整日以泪洗面，夜里只允许酒和失眠陪伴自己。你任由头发大把大把地掉，任由自己无止境地焦虑。你问自己是不是哪里不够好，是不是还没变成他喜欢的样子。不是，你足够好，是他眼瞎。

你像《欢乐颂》里的樊胜美，忙忙碌碌，缺乏安全感，缺爱，缺钱，不惜放弃原则和观念，也要尽力帮助别人，只求换来友谊，换来亲情，换来表面的虚荣和内心想要的傲气。你有不得已的苦衷，你觉得父母不能以你为傲全是你不争气，你尽人生最大的努力，想要一个漂亮的成绩，可你前半生，这样不满意。

你为了和室友处好关系，哪怕自己做兼职累得要死要活的，也要放弃睡眠跟她们研究韩剧，只希望迎合她们的价值观，只希望别被“抛弃”。

你不愿意忽略每个人的感受，你不断地说“对不起”“对不起”“对不起”，可是你忘了吗？真正的朋友关系是平等的，不要如此卑躬屈膝。

就像《被嫌弃的松子的一生》里的主人公一样，始终活在对别人的讨好里。

其实，你已经很好了啊。

钩心斗角是职场常态，只要你做得已经足够好，就别去怀疑自己；你都不相信自己，谁还相信你？

生活就是百态人生，每个人都有不同的圈子和认知，你没必要事事图得圆满，他人的认可不是你的终极目的。

爱情啊，当然要两情相悦，错过你是他的损失，这世界上几十亿人口，我就不信你再也找不到比他更好的。

如果被亲情和友情"绑架"，不妨跳出去看看，你做得到位了，就别去理会那些"绑架"你的人，总是为难你的，也不是什么好人。

人际关系里，你觉得值得珍惜的，就去努力维持；不值得的，萍水相逢的，大面上过得去就好，也不必因为玻璃心处处让自己焦虑。没什么关系啊，怎么样不是活？

3

我们常常习惯放弃自己，这比爱自己要来得容易得多。

错误往自己身上揽，不如意自己来承担，没心情打扮自己，没时间逛街买衣；活得那么累，苦痛都自己背，却总觉得心中意难平。

我们总是忘记，人生只需要对自己负责就行了，别人不过逞逞嘴上英雄，其实没有谁会陪你到底。

有一句话叫作：爱笑的女生运气不会太差。

我从前挺不以为然的，拿一句话定论大多数人的概念完全是混淆视听，但我现在有了另外的看法。

记得陈小春在采访中说过，他一直喜欢爱笑的女生；遇见应采儿就是缘分，她那么爱笑，让他看着都开心。

爱笑的女孩，一定很爱自己；她知道生活的真谛，懂得在寻常日子里找寻乐趣，与这样的人相处，自己也能成为一个快乐的人。

一个人的状态，就是这个人正在经历的日子。

当你知道如何爱自己，生活才不会来欺负你。

当你越来越优秀，有些人就不在你的眼里了

1

难得有个清闲的周末，本来是打算睡懒觉的，结果被小艾的电话吵醒。她在那头儿冲我喊：“快起床快起床，今天去农家院吃农家菜。”

于是我赶紧起床洗漱，携家带口地往约定的地点冲。

要说小艾，她最近的状态完全恢复了上学时代的随心所欲，开始不按常理出牌了，出去玩都不提前说，会玩心有灵犀这一套了。没办法，谁让我比她更不靠谱呢，所以交朋友这事儿，完全是缘分。

其实小艾最初结婚那几年，过得是很不尽如人意的。

那会儿，小艾还是一个奋斗在加班一线却工资平平的小职员。怀孕以后，因为条件有限，请不起保姆；左右小艾的工资也不算太有吸引力，便索性辞了职，在家安心待产。生完孩子之后，又在家做起了全职妈妈。

小艾这个全职妈妈一直当到孩子过了两周岁，在这期间，她自己成了“活”在朋友圈里的人。

全职时期，小艾的固定生活模式就是早起去菜市场买菜，然后做早饭，陪孩子玩，做中午饭，哄孩子午睡，陪孩子玩，再做晚饭……用她自己的话来说，就是除去假日里一家三口出去玩的状态，日常生活基本就是日复一日的重复，枯燥而乏味。

小艾最大的乐趣，就是在朋友圈里发状态，然后等着点赞和评论。

由于她不上班，不能出去玩，也没有机会结交新朋友，所以朋友圈里原来的那些人，就成了她这两年全部的社交。

与其说小艾是在意那些点赞和评论，不如说，她其实是害怕连这些人都失去，害怕她的生活从此一个观众也没有，孤单冷清。

所以，她时不时地发些孩子的照片，讲讲育儿的趣事，或者感慨下自己的无聊，然后努力地给别人点赞评论。她内心清楚地知道，她已经在现实中失去了很多朋友，生活圈子一再缩水，她无法承受网络里再次失去一些人。哪怕这些人，有的只是萍水相逢，有的只是点赞之交。

她很恐慌，仿佛这个朋友圈是她与外界的唯一联系，一旦失去，就连点盼头都没有了。

2

小艾努力维持的这个圈子，其实很小，翻来覆去也就是那些人，以至于每次她发了状态，都能猜到谁会留言，谁会点赞，谁会安慰，谁会漠然。

这让她抓狂，就像明知道自己的致命伤是什么，但为了眼前的生活，不得不一次又一次地在伤口上撒盐；伤口疼起来很要命，可不疼吧，又担心它会烂掉。

小艾说，看到我们上班觉得羡慕，又觉得遥远，感觉自己分分钟就要与社会脱节了。

言辞间很是伤感，我们只好安慰她，全职妈妈对孩子来说其实是很好的陪伴，对孩子童年时期好性格的养成，是很有帮助的。

小艾笑笑说，是啊，对他有些帮助，可是对自己全无帮助。

我想了想跟她说："其实孩子现阶段是很好玩的，你不如调整下状态，或者请父母来帮帮忙，然后趁着宝宝睡着或者玩耍的时候，自己也充充电，学习点特长啊之类的，这样等孩子大了，你再找工作也不至于太盲目。"

我记得当时小艾回复我："时间不够用啊，完全顾不上。"

因此，这个提议就不了了之了。

谁知没过多久，小艾就给我打电话，说欺人太甚。

原来，她把朋友圈里那一套维系感情的法子用到了实际生活中；她努力地想要跟婆家亲朋好友搞好关系，不论去谁家，都是大包小包的礼品带着，半恭半敬的态度迎着，生怕这些亲戚觉得她不好，以后就不来往了。

我说："你不应该如此卑微啊，大家都是平等的，感情也应该是相互的。"

小艾说，是的，可惜她用错了方式。

婆家的一个亲戚，跟小艾走动得比较频繁。但小艾后来发现，每次去亲戚家串门，小艾都会带着东西，可能是水果，可能是蔬菜，也可能是孩子的玩具。哪怕带着几盒酸奶过去，也几乎不空手。

但是，那个亲戚来小艾家，基本是不带礼品的。小艾的心理很不平衡，又觉得完全是自己的错，人家也没要求自己带礼物啊，都是自己作的，所以人家不回礼又有什么可挑剔的。说到底，是自己心态不对，孤单无聊得太久了，以至于稍微有人示好，就赶紧成倍地回报人家。

可是，你把对方当成了解封你无聊生活的好朋友，对方的交友重点却并不在你这里呢。

3

这之后的很长一段时间内，小艾不再发朋友圈，也不给我们点赞评论了。仿佛一下子，就从我们的视野之内消失而去，几乎找不到她的踪迹。

给她打电话，小艾说，她办了一个托管班。

她不满于自己的现状之后，终于开始去寻找适合一边带孩子一边做的工作。小艾所住的小区，对面就是一所小学，由于下午放学早，很多孩子的父母没办法从公司赶回来接孩子，大多都找了托管学校的老师去负责。

小艾前后考察了好几天，发现学校附近只有一家托管，于是，她把自己家的客厅重新布置一番，开始了招生计划。

以她的学历和水平，辅导、教育孩子写作业是完全没有问题的。因此，没多久，就招上来两个小学生，小艾很兴奋，一边负责监督两个孩子写作业，一边等着他们的父母来接。

推己及人，小艾对被托管的孩子们很好。晚饭做的有荤有素，营养搭配合理，还会跟他们做游戏。小艾说，与其说是她陪着这些孩子们，不如说是他们给了小艾希望和勇气。况且，他们写完作业经常会逗逗小艾的孩子，也在一定程度上解决了小艾孩子的孤独感。

就这样，被托管的父母觉得小艾不错，又陆续介绍了几个家长过来，小艾的托管班人数慢慢多了起来。

现在，她偶尔也会发朋友圈，不光是自己孩子的照片，还有其他孩子的。只是，她不再费尽心思地去维护这个虚拟的圈子了。

她不再担心失去，甚至有时候刷到别人的状态，她还会觉得陌生，似乎想不通为什么当初那么炙热地，甚至卑微地要留住这些虚拟的情感。

大概是那个时候的她，非常孤独吧！眼看着别人升职加薪、自由行走，而她却只能围着锅碗瓢盆，毫无长进。

4

固守着小圈子的时候，很在乎圈子里的每一个人，恨不得希望大家成功一块成功，失败一起失败，千万别被抛弃。

维持现状，几乎是她能抓住的唯一的救命稻草；一旦有人超越，她的内心就会失衡。并不是说她多么小肚鸡肠，而是，她自身的不确定和不优秀，让她无法承受一次次被人落下的滋味。

内心的自卑和攀比全部被唤起，让她痛苦。

可是，当她越来越优秀，她的承受能力就会越来越强，注意力也会偏离原有的鼠目寸光。她在走向制高点的途中，获得了极大的满足感和成就感，有了新的圈子，见识了更多的人，赚更多的钱，她会自然而然地寻求更高的角度。

人，走到一定高度的时候，别人会主动把你划进他的人脉圈子。这个时候，很多概念就会颠倒过来；你会成长得更好，你的心态会变得更好，你努力让自己越来越好。

因为你终究会知道，人生还有更重要的事情要做。

04

成为最好的自己，遇见最好的爱情

女子多情，

总渴望一生被人收藏好，

妥善安放，细心保存。

免她惊，免她苦，

免她四下流离，免她无枝可依。

或不经意的瞬间，

在时间无涯的荒野里，

于千万万人中遇见你，

没有早一步，没有晚一步，

一眼定终身。

结婚之前，先看看对方是否做到这一点

女人的生活中，是避免不了家长里短的。

哪怕她鲜衣怒马，享尽人世繁华；哪怕她衣裙款款，高跟鞋踩得错落有致；她的人生里，也少不了一些爱恨情仇。

相比较而言，阿耶的爱和恨，比例严重失衡。当恨大于爱太多的时候，生活的阶梯就可能崩塌了。阿耶说，崩溃是迟早的事儿，没准过不下去就离了。

在这场对弈中，她最终想明白，有些人不值得。

阿耶是我在一场活动中认识的朋友，后来彼此投缘，便一直联系着。中秋假期第一天，她约我出来小坐，本以为是开心的姐妹聚会，没想到却见证了她的梨花带雨。

阿耶与丈夫结婚五年有余，有个特别可爱的女儿。最开始的时候，阿耶的朋友圈完全是花式秀恩爱：丈夫给买了Tiffany的戒指，上面镶嵌的钻石在灯光的照耀下光芒万丈；丈夫把他的父母接了过来同住，说希望给她最好的照顾；丈夫睡前都要给她一个

晚安吻，浪漫死了……她结婚之后的人生，似乎已经毫不费力。一切都被安排好，她只需要点个头，或者签个字就好了。有人为她安排一切，有人管她的衣食住行，这很好，不是吗？

一度以为，她嫁得如此之好，简直是婚姻中被宠爱的典范。所以她的离婚，如同平地惊雷，一下子炸醒了我们一群旁观的吃瓜群众。

阿耶说，她开始也以为那是完美的爱情。

后来呢？后来，意识到那不过是一种被美化了的控制。

她的丈夫，大男子主义极其严重，尊崇男主外女主内的婚姻模式；不仅如此，对阿耶的日常生活诸多挑剔。

阿耶结婚之后，听从丈夫建议，辞掉昔日工作，做起了全职主妇。后来女儿出生，全职主妇变成了全职妈妈，生活圈子仿佛一夜之间只剩下了奶粉、辅食、纸尿裤；她在这种无人帮忙的境况中逐渐变得悲观消沉，遂与丈夫商量起要去上班的事情，丈夫却频频摇头。

他说："不愁你吃喝，也没让你做过什么重活儿，你安心在家看孩子就好了；况且爸妈催得紧，早点生个儿子是正事儿。"

关于二胎的话题，女儿出生之后从无断绝，重男轻女的思想在公婆这里得到了最大程度的展现。他们希望得到一个孙子，希望阿耶秉承相夫教子的原则，做一个十足的好妻子，这些与她丈夫的观念不谋而合，或者说，叫作蓄谋已久。

阿耶却在这种催促里，越来越焦虑。她已远离社会人群三年，好不容易熬到了孩子入园，以为终于松一口气可以开始新的职场生活，却没想到一次次商量无果。老公霸权主义思想极其严重，不仅不同意她上班，更为其规划好了以后的道路，那就是生二胎。

她不愿意生二胎。

一个孩子已让她筋疲力尽，没有月嫂保姆阿姨助力，日常生活的全部是吃喝拉撒睡。她每天早起睁开眼睛第一件事儿就是盼天黑，生活逐渐贫瘠，婚姻之后，再无快乐可言。

她说要去上班，他说在家相夫教子最好，不然他回到家没饭吃。

她说出去与朋友聚会，他说要那么多朋友干什么，照顾好孩子要紧。

她说不行开家店吧，他说赔了怎么办？

她说不打算要二胎，他说一定得生个儿子才行。

她说婆婆从不帮忙，他说应该的，不上班当然要靠自己。

她说："你从前不是答应我什么都依我吗？"

他说："这个家我说了算。"

阿耶说，她从最初的依赖，变成了最终的懊悔。她曾以为，这个为她安排好一切的男人，是出于爱，她只要做个安静的美女子就可以了。如今再看，其实他是出于本能。

他为她安排的，是他需要她达到的标准，是他喜欢的生活，从未给她选择和辩驳的机会。

她已经痛苦到需要跟人说话聊天才能感觉到自己活着，其他时候整个人都是麻木的。

阿耶在这种被动状态里逐渐绝望。

一个女人，在婚姻中的不如意，并不一定是老公出轨，也不一定是婆媳战争；而是，她一个成年的女人，作为这个男人的妻子，孩子的母亲，却没有任何的话语权。简而言之，得不到应有的尊重。

我不知道有多少人的婚姻还在历经对女人工作的漠视和重男轻女的思想，我只知道一个女人经济独立很重要，应该选择一个尊重她的男人步入婚姻。

在一段婚姻中，两个人都是需要相互妥协和宽容的。若然一方强势到底，一方委屈得要死，那肯定要出问题。阿耶的矛盾在于，如果她继续依附这个男人，她同意生二胎，任凭丈夫说一不二，以夫为天，继续做相夫教子万事听信他言的妇人，便没有这样多的苦恼，日子会安稳，丈夫态度依旧良好。

然而，她是个有独立思想的女人，她需要事业、朋友和人群。她希望自己的生活不是只剩下锅碗瓢盆，她需要在很多事情上有自己的主张。

继续婚姻的话，她就没有这个权利。

在婚姻里，男人往往受妻子情绪影响较大。

比如，妻子懒散邋遢，家里便杂乱不堪，他的穿衣也会越来越不成体统。

妻子好善乐施，他也会跟着变得宽容多体谅。

妻子脾气暴躁，他也跟着对吵并变得易怒易暴。

但他只知道与妻子争辩，却不知道根源在哪里。

好妻子从何而来？从被尊重而来。

一个被尊重的妻子应该是什么样子的呢？

这让我想起一个已经离职的同事，赵哥。

他妻子同样全职在家，但他家的氛围与阿耶家截然相反。我们曾在办公室讨论，赵哥家的幸福指数非常高。

说一件小事儿。

办公室的姑娘们都爱做美甲，赵哥便给我们推荐了一个美甲公司的工作人员，提供上门美甲服务。

这个工作人员叫路路，她有一次来公司给我们做美甲，提起赵哥，说赵哥是她见过的最好的男人。

赵哥先给路路打的电话，他开口第一句就是："你们是否提供上门美甲服务？"

路路说提供的，接着赵哥解释，他的妻子没上班，一直在家看孩子，孩子还小，风吹日晒的天气都没法出门，母子俩的生活单调又无聊，他想找个人陪他妻子说说话聊聊天。赵哥表示，钱不是问题，加多少钱都可以，就是希望妻子的生活多一点趣味，他连连表示，一定要多陪他的妻子聊聊天。

其实在平时接触中，我们一直知道赵哥是个顾家的男人。以前有一次聊起关于孩子的话题，他问我以前是不是也自己看过孩子。我说是的，也做过一段时间全职妈妈。

赵哥连连对我说："你真不容易，我媳妇儿现在也全职在家，她也不容易；我下班回家看孩子两个小时都觉得很累，何况天天看啊，你们太辛苦了。"

赵哥对妻子的好大家有目共睹，只要是利于妻子身体健康或者心情舒畅的事情，他都表示了绝对支持。他觉得妻子辛苦，说不如我们请个保姆，再让爸妈帮衬着点儿，也清闲，想上班就上班，想跟闺蜜喝下午茶就去喝；妻子要出去玩，他就休个长假一家三口去远行；妻子看中一款包，他就寻找全市的专柜买下来。

他的妻子呢？也会抽出空闲为他做一顿排骨汤，叮嘱他开车要慢点，凡事有商有量；两个人的感情，让众人艳羡不已。

一个被尊重的妻子，一个在婚姻之中说了算的妻子，必然乐意同时回馈给丈夫和家庭同等的尊重。

彼此尊重，才是婚姻最好的状态。

结婚不是一件小事儿，重新洗牌的代价太大，需要你一开始就擦亮眼睛，找到一个尊重你的人。

就是说，你最好找一个能让你有话语权的人结婚。

这个话语权不是要他无限制地纵容你，也不是要他事事听从你的吩咐；而是他知道你的不容易，你提出的建议能够被采纳，你说过的话能被她记在心里，他懂得你的辛苦和不甘心，懂你真正所需，并积极地从根本上帮你解决问题。

不要轻易为了一个男人放弃自己的工作或事业，不要轻易听信男人说的"我养你"，不要让表面的爱掩盖相处的本质。你得知道，女人在婚姻里处于弱势情况的居多，除非你赚钱足够多，还得你的男人有度量，他有可能会做家庭煮夫。否则，一旦有孩子，经济条件无法支撑的时候，仍旧是你辞职，而不是他，哪怕他赚钱也并不多。

即便你真正做到了经济独立，也要重视婚姻的选择权，看看你选择的男人，给没给你真正的话语权，是否真正地尊重你。

男人的面子

1

前几日去餐厅吃饭，坐在我们前排位子上的，也是一家三口，父母带着一个小女儿。

两个小朋友自来熟，隔着沙发说起了话；所以，我对这家人也格外地留意了一些。

女孩儿站在沙发上，她的父亲叮嘱她：“宝宝，坐下来，这样把人家沙发踩脏了，不礼貌……”这位父亲还没说完，女孩的妈妈就插嘴道：“哎呀，没什么，她那么小，不会有人管的。”

他们家点菜，服务生在旁边等待。

女孩儿父亲：“来份肠粉吧。”

女孩儿母亲：“你快行了，光点自己爱吃的，都不管孩子，先点个龙利鱼。”

女孩儿父亲：“要一份蔬菜沙拉？你最近不是要减肥了？”

女孩儿母亲："好容易出来吃顿饭，你就不能让我吃点好的？整天想着省钱，也不知道省了给谁花。"

女孩儿父亲："咱家钱不都在你那里吗？不都是给你们花了。"

女孩儿母亲："你一共才挣多大点钱啊？够干吗的？还好意思提呢。"

我好奇地抬起头，想要看看这对父母是如何模样，正巧碰上女孩儿父亲也看过来的尴尬目光。服务生全程站在他们桌旁，等候点餐，并与我一样，听到了完整的夫妻间对话。

因为隔得太近了，餐厅里很安静，有些话直接就传到了耳朵里。想不听也不行，他们的对话没有结束；在整个吃饭的过程中，经常女孩儿父亲说到一个话题，女孩儿的母亲就给否定了，还不忘加一句打击女孩儿父亲的话。

不由得想到，这个男人真是好脾气，果然到最后，他的脸也臭得不行了；毕竟，谁能忍受自己的妻子大庭广众之下无休止地奚落自己？

无半点颜面。

先不论女人对孩子的教育方式是否正确，单从她与丈夫的对话中，就能看出，她只是一味地抒发自己的不满，并未替对方考虑过，也没有为对方留有足够的面子。

是的，面子挺重要的。

我一直觉得，夫妻之间的某些事儿，是要关上门来谈的。比如男人的面子和尊严，你在家里作威作福惯了，出门之后有些失态最好收一收。

2

想起一个因此而离婚的女子。

那次是跟闺蜜们组局，几个已婚人士想着把孩子放家里，出来嗨一嗨。

一个闺蜜透露："我跟你们说，阿秋离婚了。"

阿秋是闺蜜的邻居，住对门儿，两家关系不错，经常走动。因此，我们也知道了阿秋的名字。

阿秋其实挺热心的，愿意帮助人，做了什么好吃的，得了什么好用的，都经常给闺蜜送过去。但阿秋有一个坏毛病，就是嘴碎。

尤其是贬低起自己的老公来，那口才跟说相声的都有一拼。

阿秋如果只在自己家里说，或者跟朋友私下里说，大概也不会引起什么战争来；可偏偏她总是当着众人说，也不管对方是谁，一点儿不会来事儿，也不会给老公留面子。闺蜜说她劝过阿秋好几回，都没用。

有一次，阿秋回娘家，她老公约了几个同学到家里看球赛；第二天阿秋一回来，立马就爆发了"世界大战"，闺蜜都忍不住跑过去劝架了。

原来，阿秋的老公跟同学一边看球赛，一边喝啤酒，毛豆皮啊，花生壳啊扔得到处都是，啤酒都洒到了沙发上，整个客厅真的是杯盘狼藉。

阿秋一向爱干净，绝对忍不了，脾气大爆发，拽着老公的衣服就开始骂："你看看你把这个家给剐剐的，都成什么样了？你不住是吧？啊？我怎么嫁了你这么个男人，不上进不争气，就会添乱……"

骂了一顿，大概还不痛快，转身对旁边听愣了的几个同学说："你们能不能别带坏我老公，他人傻，你们可不傻。"

同学们走也不是，留也不是；我闺蜜站在门口进也不是，退也不是，场面真是尴尬极了。

阿秋大嚷："真的是过不下去了，离婚吧。"

任由她老公解释了半天，阿秋仍旧不依不饶，坚持离婚。

同学们似乎终于醒悟过来，不能因为来看了一次球，就导致人家离婚吧，以后这朋友还怎么做，也纷纷过去劝和。

这次风波之后，阿秋似乎有了确切的把柄，数落起老公来更加不顾一切。

渐渐的，阿秋的老公回家的时间越来越晚，次数越来越少，有时候阿秋连着一个月都没见到过他回家。

闺蜜劝阿秋："别那么冲动，男人都是要面子的，你总是打击他的自尊心，他在朋友面前怎么做人呀。"

阿秋不听，连连表示自己是为他好，她固执地认为她老公毛病太多，需要改正。

3

终于，风言风语传来了，听说阿秋的老公谈了个温柔的女朋友，阿秋差点就崩溃了，找到老公询问，到底怎么回事。

阿秋的老公没解释，挺平静地说：“就是你听到的那样。”

这次阿秋以为还跟上次一样，沟通沟通也许就好了，便再次出言威胁“离婚吧”，阿秋的老公说：“好。”

阿秋哭了：“你为什么要做这种事儿？”

“因为跟你一起生活，太压抑了。

“在我爸妈面前，你整天说我，有一句不听你的，你能从早晨数落到晚上；我妈看不下去了插嘴两句，你还说她不会管教孩子。

“在外人面前，你一回面子都没给我留过，我所有朋友都见过你在他们面前贬低我。我挣钱少也给你买房子了，我长得不好你也不美啊，我从来不对别人说你的坏话，可你天天说。我朋友每次都拿你说的那些话开我玩笑，知道我什么感受吗？

“别说我的朋友，你想想我在你的朋友圈里有一个好形象吗？我也不是对你不好，你就光盯着我那些缺点看，我一点尊严都没有。

“你说骂就骂，反正所有人面前我都没面子，也不差离婚这个丢人的事儿了。”

阿秋的老公什么都没要，房子、车子，甚至大部分存款都给她了，只拿走了一张银行卡，里面有几万块钱。

让一个男人决绝到这种地步的，大概是因为生活中没有尊严，更枉谈尊重。

对于男人来说，面子是一件挺重要的事儿。我在另外一篇文章里说过："如果真的爱我，就夸夸我。"

如果你没办法夸他，那最好也别在别人面前打击他。

谁愿意看到别人嘲讽的目光和不屑的眼神？谁愿意自己活成朋友圈子里的笑话？谁又喜欢整天被别人说娶了一只母老虎？

人要脸树要皮，无论婚前婚后。你若真爱他，就应该给他一个面子；你若不爱他，他离开也不过是顺了你的意。

贬低他，其实就是贬低你自己的眼光。

爱对了人，却用错了方式

1

前几日去医院做了个体检，坐在大厅的椅子上等结果。

忽然听到隔了两个位子的大姐说："你一定很高兴吧？"

我转过头，在医院这种地方的对话，最高兴的事莫过于拿到无病无灾的检测报告吧；身体安好，自然心情愉悦。

几乎是一瞬间，我想着，这应该是一场如释重负的对话。

然而，我转过头，却看到了她右手边的大叔大为震惊的神色。

他看着她，渐渐的，震惊转为沉默，随即低下头。手里攥着装有拍好的片子的塑料袋，手指关节的泛白似乎证明了用力不轻。

他说："这是什么话？这么多年，我对你怎么样你应该很清楚。"

她也看着他，神色里满是苍凉，最终还是笑了："是啊，很清楚。这么多年，你经常做饭，也洗衣服，你经常一块儿喝酒打牌的朋友里，有几个做家务的呢?

“你没出轨，以前有小姑娘主动追你的时候，你都没有过二心。

“你对我挺好的，给我洗过头，洗过脚，看到喜欢的东西也会给我买。

“每次吵架，朋友们都说让我知足常乐，说我找不到比你对我更好的男人了……”

大姐也不过四十来岁的样子，说着这些话，似是娓娓道来，又似是隐藏着某种不想表达出来的情绪。

“可是，老李啊，我一点也不开心。

“你好赌。因为玩牌，你把家底输干净了，还欠过很多钱；因为玩牌，你跟人打了五次架，有四回进了拘留所；因为玩牌，你错过好几次升职的机会，最后自己开个店，也是三天打鱼两天晒网；因为玩牌，我跟你吵架，你打过我两次……

“这些年，我一直想帮你改掉这个坏习惯，我劝你，开导你，软硬兼施。我想给你一个温暖的家，你可能就收敛了；我想对你疾言厉色，你可能就会有点害怕，也许就回心转意了；我宁愿你在外边养了个情人，也不愿意你整天赌钱。

“每次我们吵架，都是因为赌钱；为着这个原因，我甚至连买彩票的人都不喜欢，一切赌博的形式对我来说都形成了条件反射。

“我始终不明白，你说爱我说了十几年，怎么就没有戒掉赌钱这个我最反感的事情呢？我们儿女双全，你没输掉钱那会儿条件还不错，本该可以幸福的。

“你别说，你的努力真没白费，医生说积郁成疾，我终于气病了，而且现在连手术费都凑不齐。

“也好啊，早走几年，就少生气几年。

“老李，我被你气得得了癌症，这就是你爱我的本意吗？”

说着，大姐站起身，迎着医院大厅的落地窗走去，那里是出去的正门；阳光照进来，我看到她的背影，缓慢而苍老地离开。

只留下呆若木鸡一句话也说不出的大叔，突然双手捂住眼睛。

我知道，他哭了。

2

那一刻，我也有点想哭。

为那本可以避免的命运，也为那无力更改的命运。

年轻的时候，我们总是把“我爱你”挂在嘴边，仿佛这是世间最完美的承诺，说过这句话，就好像真的做到了一样。

如果有人说爱你，你在他那里就拥有了一块“免死金牌”。

胡作非为有他顶，任性亦能作纯情。

可是，为什么明明相爱，却三天一大吵，五天一小吵，生生把想要白头偕老的决心，吵到想半路离婚？

你真的知道怎么去爱你的爱人吗？你爱人的方式用对了吗？

你以为，爱一个人，就是要细水长流地牵手，慢慢悠悠地白头；要实际的蛋炒饭，而不是烛光晚餐的浪漫，那太费钱。

你以为，苹果才是最好的水果，而不是榴莲那种气味怪异的东西；于是你给她买不间断的苹果，全然不顾她十分痴迷于榴莲。

你以为，给她洗个脚就好了，做个饭就好了，买点零食就好了；却每每打游戏至深夜，对她的唉声叹气不管不顾，不问不改。

你以为，给她花钱就行，却从不陪她旅行，不与她的父母沟通，不招待她的朋友，也不管她的亲人是否安好；你说“我工资卡都给你了，对你还不够好吗”？

你以为，她不喜欢你喝酒是无理取闹，哪个男人不抽烟喝酒？她生气了，哄完就好了；兄弟们，去哪儿续摊儿？留下原地的她，和一句没来得及说出的话“你再喝胃出血了怎么办”？

你以为，在他熬夜的时候狠命地劝说和责骂，才是爱的体现，毕竟你如此关心他的身体；却不肯在他加班的夜晚给他煮一碗面，熬一份粥，你说，“爱豆”的电视剧更新了。

你以为，他不喜欢你跟异性单独接触就是心眼小，都说了只爱他一个人，他怎么还这么不尊重别人？你没有转过身，看到他吃醋的表情和撒娇的眼神。

……

太多的你以为了。

事实上，你以为的，真的只是你以为。

失望从此刻开始，一点一点堆积在心里。

也许你爱对了人，但你用错了方式。

3

近来读《浮生六记》， 林语堂先生说沈复之妻——芸是“中国文学史上一个最可爱的女人”，译者张佳玮觉得诚非过誉，甚至有了“沈复简直配不上他妻子”的念头。

其实在我看来，芸算幸运，在那个男尊女卑的封建时代，遇上视自己若珍宝的男人，是很少见的。

字里行间，均能看出沈复的迁就与改变。他喜好赖床，却随她早起；他觉得夫妻之间用“得罪”“岂敢”这类话太生疏，却随着她渐成习惯；她独爱李白诗词风采，他便陪她煮酒弄月，品茗评花。生活情趣，堪称典范。

这才是真正的爱，以她需要的方式。

如果我真的很爱你，不用你强迫，不必你要求，我会希望你爱笑一点，健康一点，幸福感多一点，我自然会选择最好的方式去爱你。

一个朋友，以前夜夜笙歌，夜生活从不打折，换了几任女朋友，皆是因为对方哭诉与他在一起不像谈恋爱。他的世界里，兄弟朋友，喝酒打球，唱歌洗浴……任何一项都排名在女朋友之前。

然而，后来他遇见了真爱。

真爱现任说，他是世界上最好的男朋友。

他一改从前贪玩之姿，下班就回家，回家还做饭，吃完了竟然洗碗；问及原因，他说，女朋友不喜欢做饭，而且她的手总是冰凉，得给她补回来。

你大概已经明白了，真正的爱是什么样子。方式正确，姿势正确，爱她的大前提，就是以她的方式对她好。

而那些从来不顾及你感受的，不肯为你改变分毫的，多半首先爱自己，其次才爱你。

错误的方式，总是过犹不及。

我们习惯用自己的思维，去揣度对方的心思，想让他按照你规定的模式去发展，却从不考量，对方要的到底是什么。

也许她想要很多爱，你却拿钱抵陪伴；也许她想要一个家，你当那里是旅馆；也许她只需要一个拥抱，你却说哭什么，有事儿自己解决。

你没有给到她想要的，却对着众人说“我很爱她，我带她见过我的每一个朋友”。

有时候我们以为的爱，也许恰恰是一种伤害。

有人问我，应该找一个什么样的人结婚，我说：“首先，性格要好的。”

一个性格好的女孩子，会让你觉得家庭越来越温暖。

一个性格好的男子，会让你觉得生活有安全感。

性格好的人，比较容易接受你所提的意见，从而改正自身的缺点。小事儿不计较，大事儿多思考，两个人的相处才能得到长久安宁。

并且，这是让你健康的好方式。

见过一些女人因为丈夫或出轨或懒惰或缺点斑斑从不改正，而灰心失望、自暴自弃，整日以泪洗面。其实女人最怕生气，万病忧中来。

生离还好，最怕死别。

那是一生都无法弥补的遗憾。

从这一方面来说，父母之辈在朋友圈里所转载的养生之道，有一点我是认可的，那就是生气会导致生病。

癌症有潜伏期，每一种病都有潜伏期。生气是病痛的元凶，十几年之后，可能是你亲手将爱人送到了医院的加护病房。

4

廖一梅说："这一生，遇见爱，遇见性，都不稀罕，稀罕的是遇见了解。"

了解这个词，凌驾于爱情和性爱之上，可见，多么难得。

这大概就是为什么，总有人离婚，有人出轨，有人爱上已婚人士，有人做小三……说到底，总是不想错过那个了解自己的人。

不了解你的那个人，大概就是让你生气的那一个。

开始的开始，你不一定怪他。

最后的最后，你可能会如同我所遇见的那位大姐一样，积郁成疾。

希望你傻一点，少生一些气，身体是自己的，生活也是自己的。

还希望，你爱的人能懂你，会用你需要的方式去疼你。

看得到对方的付出，路才能走得更长

群里瞎侃，老友们纷纷表示许久未见，不如找个时间出来吃饭，大家一致同意。

兴奋劲来临，加班约会有事儿都阻挡不住出来嗨的决心。于是众人表态，就今儿晚上吧，所有事情一律往后推，抓紧时间会面，聊星星、聊月亮、聊人生哲学要紧，在一片呐喊声中，老袁的声音不合时宜地传来："今晚我去不了，媳妇不太舒服，我得回家看孩子。"

媳妇不舒服？回家看孩子？好男人再现江湖。大家一边表示遗憾，一边八卦："老袁，好容易出来聚一次，孩子交给父母看会儿，媳妇在家休息会儿，不要紧。"

老袁说："不行啊，这个时候正是我表衷心的时候，哪儿能不回家？"

大家呜呼："看不出来啊老袁，这么顾家。"

老袁淡定："老婆不容易啊。"

我与老袁的妻子交好，常往来，我知道，老袁嘴里的“媳妇儿不舒服”其实是女人每个月都有的那么几天。倒也不是老袁大惊小怪，而是女人这几天本就脆弱，实在是应该加倍爱自己的非常时期，至于这段时间，能否被爱，拼的都是运气。

老袁其人，五大三粗，看上去与细心、贴心、爱心这几个词均不沾边；可就是这么一个人，每每聊起家庭婚姻来，一片柔情。

群聊结束不过才三五分钟，阿芙便微信私聊窗口发来消息：真羡慕嫁给老袁的女人，同是女人，不同命啊。

我赶紧安慰：知足常乐吧，人跟人到底是没法比的。

阿芙的对话框显示“对方正在输入”。良久，才收到她的消息，只有几个字，“我打算离婚了”。

阿芙身在职场，就职于一家外企，位子虽不算太高，手下却也有几人待管理。她是踩着高跟鞋、涂着鲜艳口红、厮杀职场的女子；可同时，又是一位身在职场心在家的妈妈，家里，有她三岁半刚刚进入幼儿园的女儿。

阿芙女儿入学那天，她请了一天假，去参加入学仪式。上半场的入园会议需要家长之一到场，在小礼堂聆听就好；下半场基本都是父母双人，在大课堂老师的指导下彼此认识，以及与孩子互动。

阿芙说，她在那一瞬间忽然重新认识了自己的婚姻。她眼睁睁看着别人一家三口其乐融融，再低头看自己这一天，一手抱着女儿，一手拎着包和必需品，穿梭于家长保安老师教室之间办理各种手续。偌大的教室里，对面的落地镜子映照着她疲惫不已的脸，她突然就想到了离婚。

罗马不是一天建成的，心死也不是一件事累积的；阿芙叹气，为什么嫁了一个长不大的男人？

阿芙的丈夫，属于公务员系列，在机关单位，待遇从优，朝九晚五。饶是如此，也从未见他为了孩子的事情请过半天假，即便提前告知，得到的也不过是一句“有你请假不就行了？去那么多人干吗”？

阿芙工作忙碌，经常加班晚归。可哪怕再辛苦，她都会抽出时间与孩子为伴，尽心做一个母亲该做的事情。哪怕只是早起与孩子道一句“宝贝早安”，哪怕是晚归的一句“宝贝睡吧”。她成了职场妈妈与全职妈妈的合体，工作日在公司忙碌，周末在家里忙碌。周末如果想找阿芙，基本是很久才能得到回复的，因为她很少看手机，时间都用来陪孩子。

而丈夫呢？游戏中奋力杀怪，上班时优哉游哉。阿芙说：“我最近比较累，这个周末你多看看孩子。”丈夫答：“我周末约了人打球，总不好爽约吧，再说你整天在办公室坐着，能有多累？”

每每走亲串友，需要提前购置礼品，他尽管赋闲在家，也还是不闻不问；阿芙问他家人可有什么喜好，他说：“你看着办就行。”从不花费一点儿心思，然而一旦公婆有所不满，阿芙的丈夫便来指责：“你整天都在干什么？连这点小事儿都处理不好。”

只要阿芙偶有抱怨，丈夫立刻开启洗耳模式。“你做了什么啊？不就上上班看看孩子，谁家不这样？不上班的那些人都没你这么娇气。”

阿芙痛哭失声："你看不到我的付出吗？"

丈夫理直气壮："这些小事也值得你拿出来说吗？那是你应该做的，很多人都做得比你好，这算什么。"

她在每个月都不太舒服的那几天里，沾着凉水洗衣服；在一身疲惫之后，哄孩子入睡；在工作和家庭之间，两点一线；在孩子外婆的帮助下，劳碌度日。

而他，一边与朋友们醉生梦死，一边打游戏，一边指责阿芙总带着一身委屈。他无视她的付出，认为一切都是她作为一个母亲和妻子应该做的。

婚姻里从来都是为爱付出，哪有应该与不应该？这样的一个男人，有与没有，有何区别？

真正压垮阿芙的，是她的意外怀孕。因为忧思过度，引发小产，阿芙去了医院。或许在医生眼里，这是一个再简单不过的小手术，可是对于一个女人来说，这是一场不亚于坐月子的痛楚。办手续、签字、上手术台，她一个人走完医院的长廊，尽头无人等待，心里再没有阳光。

阿芙说，如果忙碌和劳累是自找的，这场孤单的手术也是。

他从不知她如此辛苦，很多事情与他说，得到的回复总是一句"你应该的"，阿芙说"不是我应该，而是我活该"。

在婚姻中，一方的付出，如果总不被看见，终究是会让人心灰意冷的。

没有谁应该为谁做什么，心甘情愿的付出是因为爱，但这不能被你当作理所当然。婚姻是一块跷跷板，双方懂得在适宜的时候退让，才能使之平衡。

这就像有人帮了你，而后说这是举手之劳，那是他的自谦，不是你求人办事时候的说辞。这个论点在婚姻里亦然，她的主动付出，不应该成为你无动于衷和冷言冷语的理由。

武志红在《为何家会伤人》中提到，中国人的情感模式普遍都是在找妈妈，男人找老婆就是在找妈。只要一个女人给他温暖的感觉，让他放低戒备，觉得自己像小孩儿，那他就一定被收服了。

收服之后呢？有的男人成长了，有的还留在原地，继续做那个被照顾的孩子。殊不知，女人也渴望被照顾，而且女人更容易缺乏安全感，又普遍敏感。既然大家都有可能需要被照顾，那么一旦有一方得不到应有的回馈，关系必然失衡。

付出总被漠视，心中难免伤心，失望慢慢积攒，有朝一日，某件事可能就成了压死骆驼的最后一根稻草。从前的付出有多心甘情愿，后来离开就有多彻底决然。

其实，简单的幸福，无非就是理解和知冷知热。心不凉，婚姻的路才能走得长。

婚姻里的情绪，是一场蝴蝶效应

1

我曾问过秦先生，我的情绪是否能够影响他，他斩钉截铁地说：“非常能。”

从此之后，我便十分注意自己的言行。我发现确实如他所说，一旦我情绪低落，他的安慰不见效果时，或者与他吵架不理会他时，他对生活的探究欲望也会大幅度下降，处理事情会有些许的消极，对什么都提不起兴趣。

如果我心情非常好，又对他撒娇，又与孩子玩游戏，还兴致勃勃地查路线安排周末出去玩，就能看到他在旁边笑得一脸灿烂。他会很长时间保持良好的情绪，这体现在他教孩子练拳的时间更加规律，他与人交往中会表现出更多的宽容，他在对待事情时要比以往有更多的耐心和专注，他能够分出更多的时间去发现生活的美好。

这是婚姻里的蝴蝶效应。

仿佛那只在南美亚马孙丛林中的蝴蝶一样，偶尔扇动了几下翅膀，可能几周后，美国的某个地方就会出现一场龙卷风。

在某种程度上，男人是孩子，他们的思维方式往往比女性要来得直接，好与不好，一张脸上都能体现了。

夫妻之间吵架，女人大多会认为错在男人，然后不依不饶。他认错的态度很敷衍，不能原谅；他没有意识到自己的错误，更不能原谅。于是，各种谩骂、气话全部呈现，仿佛他犯了十恶不赦的大罪，不按照你的方式进行和解，那这场战争就无法停止。

可是很多时候，男人的状态却是云里雾里，这么点小事儿，你至于上纲上线吗？你至于闹得鸡犬不宁吗？你怎么从好端端的贤妻良母一下子就变成了骂街的泼妇？简直不可理喻啊。

其模式就是，A做了让B不开心的事情，B将这种不开心无限放大，然后转嫁到A身上，恶性循环，彼此消耗。

我一直认为，彼此消耗的根源，就在于有的人从来意识不到自己的行为给对方造成了多大的困扰。

这就是我们常说的，你们本可以幸福的，谁想到最终走到了人散离场，放着好日子不过，偏偏要作。

2

我有个堂姐，在我眼中，她是贤妻良母的代表。

现代社会，很多女人对贤妻良母不屑一顾。尤其是年轻一代的女孩儿，崇尚自由和张扬，不愿意被婚姻束缚手脚，也不愿意洗手为君做羹汤。很多人一直宣扬男人爱她就要给她钱，给她时间，给她一切能给的东西。不秒回信息是错，电话打得不及时是错，节日里没有浪漫的烛光晚餐是错，男孩子没钱付不起彩礼也是错。仿佛交一个男朋友，便要从头到尾、从上到下地体验公主的待遇才好。

见惯了这些速食爱情，我倒是真的羡慕长辈们相处的温淡如水。

有一次回老家，跟堂姐去逛街。

姐夫开车送我们，结果不小心闯了个红灯，姐夫说，坏了，违章了。

堂姐一副没心没肺的样子，说："哎，你就这么急着要送我去逛街啊？你回家肯定有事儿。"说罢一副委屈的表情。

我和姐夫都被堂姐的样子逗乐了。说真的，我很少见到她撒娇的样子，在我眼里，她永远是最稳妥的。整日里风风火火，家里锅碗瓢盆是她，市场买菜砍价是她，车间里拼命工作是她，靠着自己给家里盖起了三层楼房的也是她。

在我的年少时代，遇见所有的问题，都有她挡在我面前；她帮我分析解决，她对我开导有加，我是小孩子，她是大姐姐。

可是，在她的爱人面前，她如此娇嗔，如此小女人。在她说出"你回家肯定有事儿"那句话的时候，我看到姐夫松了一口气，他也笑起来，说："小妹好不容易回来一趟，你也不怕她笑话你。"

堂姐大笑："哎，我什么糗事儿她没见过呀，笑了好多年了都。"

就这样，闯红灯的事情，不了了之。

姐夫走后，我问堂姐：“你们从来不吵架吗？”

堂姐说：“以前吵得很厉害啊，别说闯一个红灯了，他就是开得快点，我都会忍不住多嘴说几句。你还不了解我吗？最见不得别人出差错。”

我表示不信：“看你俩现在多好啊。”

堂姐说：“那也是经历了教训的。有一回我们出去吃饭，在车上因为件小事儿就吵了起来。我当时在气头上，说话口无遮拦，什么难听说什么。你姐夫也气急了，一个急刹车，就跟后边的车追尾了。你说多冤啊，两口子吵架，结果把人家车撞了，还得赔钱。”

我吐出一口气：“是够冤的，从那后就长教训了？”

堂姐笑起来：“是呀，再不长记性，可就不是追尾这么简单了，想起来还挺后怕的。男人呀，一来，你得给他留面子，尤其在外面，哪怕没别人看见，你也得尊重他；二来，开车的时候，是最不能置气的时候，啥事儿也没命重要啊。”

堂姐家的车是“四个圈”，每回邻里之间有结婚的，就来借用当婚车。姐夫是个慢性子加老好人，每次都欣然应允，堂姐为这没少跟他发火儿。

堂姐生气，也是情有可原，毕竟谁也不愿意自己的私家车总是被征用成婚车，除了心疼，自己用车的时候也不方便。

姐夫却总说，没什么，大家都是乡里乡亲，只要是正经用途正经人家，都是可以借的。堂姐数落了姐夫好久，末了，又温柔起来：“妹儿啊，其实我现在不大阻止他往外借车了，他辛苦半辈子，只要他做的事儿顺心就成，何苦去为这些小事吵架？每次吵完架两个人都不痛快；况且，借车的人都挺感激他的，他人缘比我好，我也就没什么可说的了。”

懂得退让的堂姐，不但赢得了姐夫更深层次的爱，还赢得了家庭的圆满。

3

一只南美洲亚马孙河流域热带雨林中的蝴蝶，偶尔扇动几下翅膀，可以在两周以后引起美国得克萨斯州的一场龙卷风。原因是蝴蝶扇动翅膀的运动，导致其身边的空气系统发生变化，并产生微弱的气流；而微弱气流产生又会引起四周空气或其他系统产生相应的变化，由此引起一个连锁反应，最终导致其他系统的极大变化。

后来，蝴蝶效应常常被人们用来形容初始条件下微小的变化，能带动整个系统长期的巨大的连锁反应。

这种现象，我觉得在婚姻里体现得最为明显。

哪怕我们自身没有滋生戾气，但还会受环境影响，比如与人交往中产生摩擦，工作中钩心斗角，都可能成为我们情绪不稳定的原罪；于是把愤怒转嫁在家人身上，并不自知。

以前有个朋友，她的丈夫喜好玩牌，朋友每每与丈夫沟通无果，就会大吵一架，最严重的时候，还会离家出走。

朋友的丈夫除了爱玩牌之外，在其他方面待她都是不错的，所以，他才会嫌她无理取闹，嫌她脾气大，嫌她吵一架居然要离家出走；他从来意识不到，妻子的每次伤心绝望，根源都在他这里。

两个人的争执，总是要有一个人先妥协的；总要有一个比较聪明的，懂得吵架的根源在哪里，懂得灭火器该怎样用，懂得把一场家庭纠纷控制在硝烟未起时。避免恶性循环，避免造成不必要的麻烦，避免小题大做、没完没了。

我经常觉得，无论男人还是女人，有的时候我们都需要有一些自省的态度。

有则改之，无则加勉。

不要消耗对方，不要让有爱的婚姻变成无爱的悲剧。

听说，你很怕失去他

1

行政部新招来个姑娘，在午饭时间怯生生地接了通电话，便一副泪眼汪汪的样子了。

姑娘借口去了洗手间，半天带着红红的眼睛归来，不过才认识几日，实在不好开口问询，安慰也无从说起。于是，我与另外的同事默契地闭上了嘴巴，专心吃饭。

姑娘倒是主动开口了：“姐姐，我失恋了。”

这……刚入职来就失恋，不会要怪公司是不祥之地然后一怒之下走人吧？我和同事面面相觑。

姑娘终于抑制不住内心的黯然神伤，愁眉锁眼，哭了出来。

哭出来也好，发泄出来，心情能好一点，我说。

姑娘哭得断断续续，我和另外一个同事也听了个大概。

姑娘与男朋友是大学同学，在一起两年有余。因为男朋友长得不错，堪称校草级人物，追他的女生虽算不上过江之鲫，但也情书不断；在姑娘心里，男朋友俨然是个分外有魅力的男子。

于是，费尽心机、千方百计地想让男朋友对自己死心塌地，只要离开男朋友超过半天时间，便使用“催魂夺命连环call”，微信发语音，QQ发文字，电话打过去还不接的话，那对不起，接下来将有十几二十几个未接来电等着你。

姑娘的心，终日被杞人忧天填满，恨不得与君牵手白头，一眼万年，日日如胶似漆形影不离才好。

要说恋爱中的人，也大抵如此。谁不希望爱人时刻在身边陪伴？谁不想相爱之人给自己足够的安全感？

姑娘哭着问我们，她错了吗？

错？未必全错，但肯定是有的。

说起来也不过一句：心意到位，姿势不对。

一方想要万事与君同，另一方则必然会想要多一些空间。哪怕独处也好，总胜过催促与胁迫，总胜过没有新鲜感的解释和千篇一律的重复。

爱一个人，如同手中的沙，你抓得越紧，流失的概率越大。因为每个人都有自己独立的思想，都不愿意被别人所掌控。

2

那个新来的小姑娘，因从前种下的因，尝到了如今结成的果。

男朋友说太累了，每天活在向姑娘解释的焦虑之中。

开会时手机调静音了，几个未接电话，却需要他散会之后花三十分钟去解释。

与朋友下班吃饭喝酒，不仅要提前报备，还要中途接个视频，证明自己确实如同当时所说，没有说谎，没去不合适场所，没做不该做之事。

女客户打电话问询合同相关事宜，挂掉电话等待他的又是一番疾风骤雨。在姑娘的概念里，需要他将所有女性隔离，包括合作伙伴和同事，可能还要将部分男性隔离，以防他学坏，不成样子。

“这算是什么日子？你从前没有这么无理取闹的。”

是啊，从前是大学期间嘛！热恋时代，两个人如胶似漆，除去晚上各回宿舍，上课、下课、吃饭、出去游玩，大部分时间都在一起。

后来不同了，踏出象牙塔之后，男朋友直接进入五百强企业，明明可以靠颜值，却偏偏要拼才华。结果可想而知，拿着三两千工资，身无长处的姑娘心里极度不安。

优秀如他，没她在身边看着，铁定会被勾搭走的，他本来就受欢迎。

于是，这段关系像极了公园里的跷跷板，一方不知畏惧地高高弹起，这一方已急急匆匆地低下去。

失衡，是必然的。

其实，恋爱之中，若有一人超越了自身的极限，过度索取对方的时间和陪伴，基本有两个方面的原因。

一种情况，是因为爱错了人。对方无法给你足够的安全感，要么他确实愚钝，实在不知女人的小心思难懂难猜；要么他就是真的不够爱，全然不在意某种行为是否会伤到你。

另一种情况，则因为开错了头。以为自身的缺点过多，不够强大，强烈的自卑被唤起；深觉与他的优秀不匹配，故而处处放低自己，想要换取他的怜爱和顾虑。

用卑微换君回眸垂怜的安全感，用胶水的姿态黏他在身边，是不自信，也是不自爱。

失衡的关系，难以长久地维持下去。

3

好姐妹清荷，三十有余，上有父母公婆，下有三岁小儿，中间，还有一个极其宠爱她的丈夫。婚姻七年路，两人非但没有经历“痒痛”造访，还过得风生水起，恩爱有加。

有一次，与清荷聊天，听她说过这样一件事。

清荷的丈夫任职于事业单位，不大不小算中层领导。他长相不错，身份又摆在那里，上门来求指点的姑娘，一年之中总有那么几个。

某天，清荷的丈夫接她下班，路上开起玩笑来："老婆，最近有个新来的同事，总约我去吃饭，我都拒绝好几回了，快要不好意思了。"

清荷惊讶地问："为什么要拒绝？这挺好的事儿啊，人家请你，说明对你有好感，该去就去；也别老让人家女孩儿请客，记得抢着买单，抢不过的时候，就回请人家喝点咖啡什么的。"

来邀约的姑娘是富二代，所定餐厅也多是高雅精致档次，昏黄的灯光，最容易滋生暧昧的情绪。

清荷的丈夫很是郁闷："你怎么和别人家老婆不一样？这样我很没存在感啊，这种时候不是应该义正词严地阻止我吗？万一擦枪走火可不是闹着玩的。"

清荷大笑："不是我的呀，强留留不住，是我的呀，别人也诱惑不走。你要有那个心，我拉不住你，你要没那个心，我的催促也不会起什么作用。"

清荷的丈夫，下班无公务即归家，去哪儿都报备，连小姑娘酸酸的语气都与清荷形容得惟妙惟肖；是以，清荷大气高贵的"正室"范儿，收着丈夫始终如一的心。

不是清荷对这段爱情和婚姻自信，而是她对自己自信。

丈夫单位聚餐，她从不电话催促；丈夫与人有约，她从不问男女。她自己，事业出色，装扮得体，也不会事事与丈夫报备；用她的话来说，每个人都有自己的圈子，夫妻也不例外，不要以为结了婚就能把对方看成你的附属品，那是愚者。

坏的爱情和婚姻，容易让人走错路，没准儿会走到悬崖处，无法回头。

好的爱情和婚姻，会彼此宽容和信任；走出康庄大道，才是目的。

4

我曾无比喜欢洒脱超然的女人，金戈铁马，恣意纵横，一身坚强果敢。面临背叛，化悲愤为铠甲，化疼痛为刀剑；转过身，一念天涯之间，已是她重振战鼓之时。

后来，我更加喜欢温和睿智的女子，没那么多凌厉的气息，却始终将爱情和婚姻保持在稳定的水平线上。她的爱情，不必接受淬火的考验；她的婚姻，被她过得诗一样美好。

爱一个人，要用一个自由的灵魂与之平等地交换。不自弃，不自厌，即使你没有足够好，你也要相信，自己能够变得足够好。

爱一个人，不要让彼此成为附属品，要以两人势均力敌的精神，一起前进，而不是倒退。

喜怒哀乐皆是无法控制的情绪，你唯一能控制的，就是心态。即使你爱惨了对方，也不要控制惨了对方，控制，会演变成失去。

爱人用五分，剩下的五分里，三分用来提升自己的能力，两分用来修炼自己的底气。对待爱的人，不要脱光了衣服给他看你全部身家，应该用一些情趣，让他知道你是神秘的，你是有思想、有灵魂、能独立、可征战四方的。

真正有魅力的女子，不会自己左一个电话，右一个查岗地去找他的踪迹；而是有本事让男人时刻担忧失去自己，让他来主动找自己。

你不会控制他，也不是他所能控制的物件。没有他，你照样歌舞升平，怡然自得。你是他想读却参悟不透的书，要以独特的方式盛开在他不能自拔的目光里。

做一件多人试过却不买的衣服，还是他一直想读到最后的书？

做女王，还是卑微的女仆？

你自己选择。

别人的标准，不是你要的爱情

1

有个姑娘问我，她男朋友很包容她的任性，是不是可以放心地嫁了。

姑娘是独生女，父母极其宠爱，从小到大都没做过什么家务，且做事情有些随心所欲；毕竟不愁吃喝，又生得好看，所以有些小脾气。

她与男朋友是相亲认识的，男方比她大几岁，成熟稳重，挺宠她的，接送她上下班，给她做饭，在她来“大姨妈”的时候会帮她冲杯红糖水。每次吵架，都是他先认错，想尽一切办法哄这个姑娘。

姑娘比较信奉“去找一个把你当成女儿宠爱的男人”的爱情理论，因此，觉得嫁给这个男人应该是没错的。

我说：“你既然来问我，说明你并不放心。”

姑娘说："是的，他虽然对我很好，可他三五不时地透露，若将来结婚，是一定要跟父母住在一起的。"

两个人为此吵了好几回，本来就不深的感情，让姑娘一度萌生了分手的想法。她并不是不讲理的人，但她确实不喜欢与公婆同在一个屋檐下，总不能一结婚，就失去了二人世界吧。

可是周遭的亲朋不断劝她，"你就知足吧，这么疼你的男人过这村可就没这个店了""别太挑剔了，这山望着那山高还行？""差不多就得了"……

这让姑娘十分苦恼，甚至她自己都觉得，不该为了这么点事闹分手，人生能碰见几个可以把自己当女儿宠的人呢？

2

我一直觉得，不应该用一句话或者他人一句观点，就来概括你的爱情。

别人不是你，不能感知你的难处和甜蜜，你们的相处、交流、沟通，甚至床上床下的生活，一切的感知都在你；他好不好，他行不行，他哪方面是你喜欢的，哪方面是你不能接受的，外人根本没有发言权。

你所做的选择，需要自己承担后果；他们帮你做的选择，也需要你自己承担后果。

那么，哪一种才是你想要的？

外人的评论有用吗？有时候有用，有时候没用。但最终的权利在你的手里，只有你知道，你真正需要的是一个什么样的人生伴侣。

如果当下的他让你无法忍受，那你就更加无法忍受未来的几十年。

3

想起一位朋友的事情。

阿琼在去年年底的时候，与结婚六年的老公正式办理了离婚手续。

他们很相爱，从前。

当年我们一众朋友参加他们的婚礼，阿琼的老公哭得稀里哗啦的，一再对阿琼说："这辈子绝不辜负你，你是唯一，你是挚爱。"

事实上，他最初的两年也做到了。

无论他加班到多晚，阿琼都会等，留一盏灯，让他一进小区就能看到自己家窗户里散发出来的光；餐桌上有做好的饭菜，放到微波炉里一热就行。

无论阿琼怎么吵闹，他都会低头宠溺地哄，他给她力所能及的物质生活。每次出差回来，都有给她精心准备的礼物；他把工资卡、理财产品都放到阿琼那里，基本上家里的事情都任凭阿琼拿主意。

两个人也吵架，吵起来很凶，可吵完没多久，阿琼就会跟我说，两个人和好了。他们会及时把问题摊开来说，从不攒成历史遗留问题。

就是在这种相爱的情况下，两个人结了婚，生了女儿，过上了一家三口的生活。

阿琼体质不好，再加上她女儿当时脐带绕脖两圈，医生看完检查资料说，建议剖腹产，并且需要阿琼的家属，签一份协议书。与其说一份协议书，不如说是责任书，上面白纸黑字明确地询问着，若手术中出现什么意外，保大人还是保小孩？

阿琼的老公怒了，说两个人都要平安；如果真有什么不测，保大人，一定保大人，那是他媳妇儿，千万要保大人。

阿琼说，这种协议一般是避开产妇的，她在产房，他在走廊。她在手术前去卫生间，正巧开门听见，她老公连说三声"保大人"，眼睛都红了。当时她就在想，何德何能，有个这样的男人守护在身边。

以前几个女人在一起聚会聊天，阿琼总是说，事儿上才能见人心；每次看到有男人在手术室外嚷着保大人，阿琼就会觉得感动，毕竟那是他的孩子，手心手背都是肉，如果真有什么事儿，他为了妻子去放弃他尚未见过的孩子，那该是一种怎样伟大的爱？

从青春岁月里相恋，到柴米油盐的围城；从二人世界走到三口之家，他们一共走了六年，却最终，没能逃开七年之痒。

阿琼的老公，六年之后升至公司整个华北地区的销售总监，与自己的秘书有染。

多么俗套的故事，男人有钱就变坏的现实版，日久生情的伎俩，七年之痒的考验；阿琼只记得自己的震惊，却在事情发展到不可收拾的时候归于释然。

阿琼说，他们的爱情，裂缝早就存在了。

《欲望心理学》里是这样形容的：我把手放在那儿，她把手放在那儿——还是同样的老套，一晚又一晚，一年又一年。你不想承认，但是这确实变得乏味，如果有别人表现出对我有一点兴趣，我就会招架不住。

两个人虽然相爱，可抵不过婚姻长路漫漫的平淡；吵架之后的两个人，再也没有了从前的主动，谁都不肯先妥协。

他夜不归宿，她不再等待；她使小性子，他也不再哄她。一切的一切都是有根源可寻的，还能说什么呢？事情爆发之前，两个人已经半个多月没见过面，甚至更久的时间，再没有好好谈过心了。

疏离和平淡，他们再也回不到从前。

阿琼曾苦守“生孩子的时候，保大人的男人最靠谱”，这一直是她最骄傲的事情。然而，苦难中他向着你，风雨过后，未必还向着你，也可能去保护另外一个女子。

漫长的岁月里，他需要激情；其实，她也是。

这就是现实。

谁都无法预知多年以后，枕边人会做出什么样的举动，人都是会变的；经历不同，环境不同，你不同，多年以后的他也会不同。

4

所以你说，什么样的男人最靠谱？反过来，什么样的女人最宜家？

我想，这些问题都是没有固定答案的。

套用上学时期一句课本上的话：具体情况具体分析。

爱情有千百万种样子。

女子多情，总渴望一生被人收藏好，妥善安放，细心保存。免她惊，免她苦，免她四下流离，免她无枝可依。

或不经意的瞬间，在时间无涯的荒野里，于千万万人中遇见你，没有早一步，没有晚一步，一眼定终身。

盼望着做一幅画，被一个男人买下，一生珍惜，再勿退换。

有人说，男子也多情，需要被仰视，需要被崇拜；他穷你陪着穷，他富有别的女人陪着富有。

他这一生，需要事业和女人，需要耍酷和刺激。

可是，无论男女，都是会变的。从来没有一个人一辈子只一个模样，爱情不是唯一的救命稻草，婚姻更不是。

所以，不必迷失自己，不要用他人的标准来衡量自己的爱情和婚姻。

她说的，是她当下需要的，她要一个男人顾家，她需要被宠爱。

别人呢？有的需要男人有钱有事业，有的需要男人敢作敢当，有的是外貌协会的，有的喜欢大叔，有的喜欢小鲜肉。

你呢？你需要两个人有精神层面的交流，你需要他能接住你抛出的梗，你需要他有趣又聪明。

这是没有任何衡量标准的，都要根据自己的需求而定。

所以，随心而走。婚姻生活中其实变数无处不在，你要做的，就是别被他人的爱情观和婚姻观所困惑。

他有一点好，可能有很多点不好；你得知道，你需要的是哪一点。

如果真的爱我，就夸夸我

每次与姐妹们一起小聚，都能听到梅子的抱怨。

梅子经常一副羡慕的样子对我们说："你们的老公都真好，不像我家这个，说他几句就不爱听，脾气大着呢！他做得不够好，还不允许我说说了？"

我们几个姐妹都劝她："也不能总是说他，适当的时候你得夸夸他啊。"

梅子不听，坚持说她老公不靠谱，认为自己说老公是为了他好，不然他怎么进步呢？

梅子的老公，是一家企业的高管，平时加班应酬多，在家陪梅子的时间少，只要晚归，就会受到梅子的奚落："不会外边有人了吧？整天喝得醉醺醺的，谁稀罕你挣这些钱？有老公跟没有老公有什么区别？"

梅子不光对老公这样说，在我们面前也毫不掩饰她的不满。

有一段时间，她老公不那么忙了，居家较多，还定好了欧洲游的计划，打算带梅子出去转转。这下换成我们一脸羡慕了，对梅子说："看看你老公，多浪漫啊，一有时间马上带你出去玩儿。"

结果还没等他们成行，梅子老公就分别给我们一众姐妹打电话："拜托拜托啊，劝劝梅子，我每天都要被她骂死了。"

我们只好把梅子约出来，问她到底怎么回事。

梅子说："他还不如去上班呢，待在家里，就知道看球赛刷手机，连杂志都比我好看，真怀疑他当初为什么跟我结婚的，也不知道做家务帮帮忙。虽然我也喜欢出去玩儿，但是费钱啊，挣点钱就要花出去，一看就不是过日子的态度，他也不想想怎么多赚点钱。他现在是不忙了，有时间可以多研究研究股票，别总是赔啊，总比看球赛有用吧？实在不行，他还可以申请个打车软件，下了班去开快车啊……"

梅子的话我们听得一愣一愣的，难怪她老公要找我们来求救了。这些话听一晚上，已经负能量爆棚，如果每天都能听到，相信她老公的耳朵很受伤害。

我对梅子说，别总是埋怨对方，适当地夸赞下；最起码，要看得见对方的付出啊。

不然，两个人的日子得多辛苦？

其实我始终觉得，一个家庭的幸福，或者不幸福，与女人有莫大的关系。

因为女人天生要比男人有倾诉和发泄的欲望，很多事情都要找人说一说，聊一聊，或者抱怨一下。大部分女人并无恶意，她们是纯粹地希望对方按照自己的意愿改正，期待对方活成自己想要的样子，并且天真地以为这是为了对方好，是帮助他成长；需要他上进，是对他好，是成就他。

在对他说教的过程中，掌控欲望会达到空前的高度，一言不合就爆发，并把对方的不听取意见上升到各种吵架层面。

这是一种正常的反应，可是这并不是一个非走不可的程序。有时候，我们完全可以避免这种吵架的结果。

吵架总是伤感情的，并没有那么多的“小吵怡情”。大多数吵架都带着感情的消耗，只不过一时半会儿看不出来，时间长了，疤痕明显，战争升级，毫无休止。

恋爱的时候，我们总是善于发现对方的优点，自动屏蔽对方的缺点；即便争吵，也总带着几分撒娇的成分，彼此在对方眼里，都是完美得无可替代的人，他做什么都是好的。

他会做饭，太棒了。会做饭的男人最帅，肯为你下厨的男人你就嫁了吧，系着围裙在厨房里的男人，可能是这个世界上最酷的物种。

他与客户谈判时的样子真迷人。看看，我就是这么有眼光，他只对我温柔，生意场上，一副冷酷的模样。

他闲暇安排各种娱乐项目。是的，他说过，要带你看世界；多么体贴的男人，就像父亲宠爱女儿一样，带你踏遍你梦想中每一个想去的地方。

他赋闲在家，多么难得的二人时光。哪怕安宁的夜周围空无一声，或者风雨交加电闪雷鸣，不发一言抬头望见她如水般的目光，时间美好得让人想要永远凝在这一刻；他那么温柔，她那么动人。

良人为伴，随意慵懒，那时，看他什么都顺眼，缺点也成优点。

后来呢？后来，为什么你看他哪里都不对？优点变成缺点，处处都是不满。

婚姻中最忌讳的相处方式，就是互相诋毁、贬损。

言语是最伤人的利器，一旦开口，无法收回。没有一个人愿意整日活在被中伤、被贬低，甚至被踩踏的状态里，这会让他产生巨大的挫败感，让他不愿再与你有任何深度的交流。

“忠言逆耳利于行”这一套，在婚姻里并不合适。尤其是当热恋的劲头儿一过，大家都从爱情营造的云彩上回归到人间陆地的生活；人间是疲惫的，因为柴米油盐琐碎，嬉笑怒骂成堆，因为现实里人情世故，功名利禄，都需要你或者他为之付出加倍的努力，你们便在此产生了矛盾，人非圣贤啊。

可是，这不是爱情的、婚姻的真谛，更不是通往幸福的道路。即便聪明如你，依旧是懂得很多道理，却过不好这一生。既然如此，你怎么指望别人能够在你的指责里常思己过？

指责带来的，往往是适得其反的结果。连我自己，都对喜好论别人家长短的女人敬而远之，何况不谙女人议论之道的男人们？

即便柴米油盐，你也不能放任自己成为一把刀，一句话就戳中了他的要害；你以为是点醒了他，他却觉得，好好的日子不过非要作什么作？

继而，你觉得他不能体谅你的苦衷，他觉得你是在无理取闹，矛盾不断升级。冰冻三尺，非一日之寒。

睿智女人的夫妻相处之道，恰恰应与梅子相反。多称赞自己的老公，外人面前为其留足面子，私下里也对其崇拜有加；男人是很好满足的，你夸他几句，他会非常有成就感。

况且，总要多看看他的长处，爱一个人，而不是逼一个人。如果他在努力，暂时只是中途休息，最好的方式，是让他安静会儿，给他一个不被唠叨的假期。

傻姑娘，别为爱痴狂

刘若英有一首歌，叫作《为爱痴狂》，歌词曾被无数恋爱中的男女拿来当作签名，似乎这一句暗示已经代表了一切质问：想要问问你敢不敢，像我这样为爱痴狂。

痴狂这个词语，用在爱情里，真是再合适不过了。

然而我今天想说的是，不要在最好的年纪，为爱痴狂。

事情源于一场留言。

给我留言的姑娘，叫璐璐。

璐璐今年二十七岁，就职于某金融公司。经过几年的努力，熬到了管理层，有些小权力，薪资也维持在可观水平。有个恋爱两年多的男朋友，外人看来，也算是事业爱情双丰收。

然而，璐璐说她的男朋友毫无结婚的打算。

两年了，璐璐与男友的相处模式，还维持在原地踏步的阶段。她说，男朋友总是若即若离，并没有给她丝毫安全感，可谁让她那么喜欢他？喜欢得可以放下一切，愿意遵循他的随叫随到。

璐璐数次暗示，两个人已经到了谈婚论嫁的年纪，是否应该安定下来了；男朋友要么不置可否地笑笑，要么半真半假地说他的父母不太同意，再或者干脆说两个人还是不太合适，不然分手算了。

璐璐对我说，其实她知道，最根本的原因，是男友心中有一个放不下的前任。

可是没办法，他惦记着前任，璐璐惦记着他。在这场感情里，他们两个人都是卑微的，都是低到尘埃里去的，没有一个赢家。

如果璐璐只是单纯地来找我诉苦，我大可以倾尽所有语言，劝说她放下执念。一个没有把你纳入未来的男人，不如早些放手，对两人都是成全。

但璐璐是来通知我的，她的重点在最后一段上，她说："卡西，我打算去整容，我深爱着他，我愿意变成他喜欢的样子，我愿意等到他向我求婚的那天为止。网上不是都说了吗，人的一生，总要有一次奋不顾身的爱情，为爱痴狂，也许此生只有这一次。"

聊天进行到这里的时候，时间已过凌晨十二点。我大惊，敲键盘的手一下子顿住了，我反复组织自己的语言，却发现璐璐已经下线。

我不知道你有没有这种为爱疯狂的时刻，以奋不顾身的名义，誓死捍卫自己的爱情。

以前就在论坛上看过，有的女生，因为男朋友劈腿，扛不住失恋的打击，尝试用刀片自残，然后打电话给男朋友，希望以此来挽回这段关系。

我的同事小沈，因为跟女朋友分手，一蹶不振，效仿电视剧里的男主角飙车泄愤，车子就像愤怒的小鸟，毫无悬念地撞上护栏；结果就是，女朋友得知以后，连去医院看看都没有，反而快速远离。小沈抱怨，为什么他都如此疯狂了，她还看不到他的真心。

故事的最后，越疯狂，越得不到。

我们说，恋爱不是一个人的事情，结婚更不是。需要双方情投意合，需要两个人有十足的诚意和信念，才能正式结合。一个人的坚持，是不可能走到最后的。

整容成他喜欢的样子很简单，现在科技这么发达，可这件事的出发点就是错误的。璐璐的男朋友念念不忘的，想必也并不是一个空有其表的外壳，你要他整天面对一个换了容颜的女朋友，他能承受吗？他难道不会在两张脸之间迷惑吗？

退一万步讲，即便他接受了这种改变，可他爱的不是璐璐，是一个替代品，这种情感更不可能长远。而璐璐如何在这种巨大的不对等里获得幸福？

撞护栏的小沈，为爱自残的女生，心里的执念都太重了，势必会让对方有心理负担。况且，一味地讨好对方，在开始就注定败了。

正常的爱情，必须是平等的、相互的。为什么你宁愿消耗自己，伤害自己，改变自己去迎合他（她），而从不认真考虑，或许他（她）并不爱你？一个人爱另一个人，是不会轻易离开的。

一段不被对方喜欢的爱情，你要做的，是劝说自己放下，而不是继续耗下去；这于你，无半点好处。

我有一个读者，在婚姻里过得十分不如意。

她爱的男人是个霸道的混混，好色、贪财，高兴了就说几句好听的，不高兴了就打她。

她刚开始恋爱的时候，父母声称，如果她固执己见嫁给这个男人，便断绝关系。但她不听，坚持坐火车跟他跑回家乡，偷到了户口本，领了结婚证。事到如今，读者跟我说，她好后悔。

年轻的时候，她坚信自己可以战胜一切，坚信爱情大过天；年长之后，时间和经历狠狠地给了她一巴掌，她疼得喘不上气来。

大部分人都会觉得自己是与众不同的，都觉得自己当下的决定是正确无比的。甚至都有自己的执念，总是认为，在自己的世界里，有旁人看不懂的深情。

有的人，天生有一种悲情，认为自己的选择带着某种神圣的指引，就像电影里的慢镜头一样，充满了诱惑和震撼，仿佛自己站在宇宙中心，全世界都在围观和仰望。

殊不知，这种要命的矫情，自以为是的固执，拼尽一切想要感动对方，你所以为的至死不渝，不过只是感动了自己而已。

感性太过，常常导致悲剧。所以我总是对身边的人说，我们应该理性一点；不是要你做麻木的机器，在做事情之前，慎重考虑、权衡一下，别意气用事，别将人生过成一场赌博。

你的筹码没有那么多，还全部押在了爱情上。你把自己折磨得人不像人、鬼不像鬼，他也不会回来；谁稀罕和一个疯狂的人牵手过余生？

其实想一想，人生不是只有爱情一件事。你想得到对方的爱，最应该做的，不是讨好，而是让自己变得更加有魅力。

我在上学的时候就摘抄过一句话：一个人，认真工作的样子最美丽。

直到现在，也深以为然。

不光如此，一个人运动的时候，看书的时候，甚至看世界杯的时候，研究穿哪件衣服好看的时候，收拾整理房间的时候……只要专注做任何事情，都很美丽，也有魅力。

你看，除了为他疯狂，但凡你理性一点，对这个世界的见识多一点，都不会那么轻易地就被骗，更不会那么固执地把一生的赌注都押在一个不喜欢你的人身上。

为爱痴狂，在我看来，十分不理性。不理性的爱情和婚姻是不会长久的，疯狂只能说明这不是一段好的关系，应该放下。

我一直相信，真正的美好，是你足够好，才会遇到对方足够好。放下执念，选择对的爱情，选择值得的人，才是必要。

你要学会拧不开矿泉水的瓶盖

雨菲和老公吵架了。

原因是雨菲出差归来，夜里十一点多到机场，拎着大包小包的东西，自己打车回家了。

到家之后，发现老公呼呼大睡，没有留灯。

雨菲对我诉苦："不去机场接人也就算了，居然还睡得那么香，难道不觉得自己的媳妇儿半夜在外边很危险吗？"

数落完那个男人，雨菲沉默起来，良久才再次开口："西西，我知道，是我把他宠坏了。"

雨菲的老公与她同龄，只不过要小几个月，可是，就像小了好多年一样，处处需要她照顾。

雨菲老公喜欢玩游戏，熬通宵，花大价钱买装备；雨菲心疼他白天上班忙碌，心想玩游戏放松下也好，便从不责备，还贴心地做好饭菜。

楼里的电梯维修，雨菲抱着孩子爬了十层的楼梯回家，也从未想过让老公下来一趟。

雨菲的父亲住院，她家里、医院、公司三点一线地跑，可老公该出去喝酒就出去喝酒，该在家睡觉还在家睡觉，一副与他无关的样子。

雨菲说，她老公成了一个摆设。一心以为雨菲是万能的，天塌下来都能自己扛得住。

我问雨菲："恋爱的时候他并不全是这样的吧。"

雨菲想了想："对，恋爱的时候，他会做好饭等我回家，或者下了班去接我，甚至给我剪脚指甲。"

"那后来这些事情，是不是你都不让他做了呢？"

雨菲解释："那会儿他工作比较忙，每天很累，我就把家务活儿什么的自己包揽了，想着让他清闲点。"

没想到，这一清闲，就清闲了好几年。

雨菲的老公，最初并不完全是这样的。是她自己，将他的男子汉气概扼杀在了萌芽状态。

她炒菜没有酱油了，望了望躺在沙发上看电视的他，想到他平时上班也挺累的，算了自己去买吧。

快下班的时候下起了大雨，拿起电话想让他来接，犹豫了一会儿又取消拨号；他也不顺路，再开车过来太折腾了，不如自己叫个快车回去算了。

饮水机空了，也别等他晚上回来再弄了，自己抱起大桶水就换了上去。

每次他要帮忙，或者浪漫一下，她便说：

“你不会做，一边儿待着去吧。”

“你忙你的吧，家里有我呢。”

“不用来接我，这么远浪费油钱做什么。”

“买什么花儿啊，浪费钱，还不如买袋大米呢。”

“别等我，不一定加班儿到什么时候呢，你先睡吧，不用留饭。”

久而久之，有些事情，他就再也不会做了。

深夜不再等你，不再体贴地给你留饭，不再费尽心思讨好你，不再为你挑选礼物，节日没有浪漫，假日没有游玩的安排，什么都要你操心，他只负责自己心安理得。

最后的最后，她成了女汉子，他成了油瓶子倒了都不扶的男人。

这种相处模式一旦确立，后患无穷。

因为女人天生需要被照顾，即便她是女汉子；她如果长期得不到应有的宠爱，她一定会郁闷，会抱怨，会生气。

这不是贴心，这是变相地让对方膨胀，让他不再承担他应尽的义务。早都说了，男人需要崇拜，你这么强势，他实在没有表现的机会，慢慢地，他就习惯了这种安逸。

习惯一旦养成，不容易再更改，尤其是这种让他享受的习惯。

前几天看到过一条新闻，是说国内的孩子，严重缺失父爱。

父亲大多忙碌工作，或者喝酒应酬，总之，放在孩子身上的时间很少。这件事儿如果换个角度来看，其实是母亲没有起到好的桥梁作用。

你应该从一开始就培养他作为父亲应该有的姿态。

你收拾家务的时候，就让他陪孩子做游戏；

你做饭的时候，就让他带孩子去公园遛个弯儿；

他应酬当然让他去，但当你跟闺蜜们聚会的时候，也放心地把孩子交给他，那是他应该享受的天伦之乐，也是他应该去尽的父亲责任。

一个母亲，在刚开始怀孕时就已经尽全力去准备做一个好母亲了。

而一个父亲，在妻子怀孕，甚至孩子出生的早期，他是没有这种深切感受的。等到孩子会叫他一声“爸爸”，等到孩子可以跟他交谈交流，他可能才会意识到“噢，原来小孩儿也这么有趣，原来做一个父亲这么满足”……

所以，他对孩子的爱，需要你的培养，需要你的放手。

别不放心，别总觉得他会饿着孩子，或者粗心大意伤了孩子，或者不会带，不会喂奶粉，不会教育，都别担心。你不放手交给他去做，他一辈子也学不会。

同事小凌是个聪明的女孩儿。她男朋友是家里独生子，从小到大，几乎没有做过家务，但和小凌在一起之后，不但学会了做饭，一周七天还做不重样的。

小凌说，很多事情，男朋友该做的，千万别拦着，做好了他自己就会很有成就感，也有面子。

我一直觉得，最开始的恋爱模式，很容易形成以后的婚姻模式；当然，前提是这两个恋爱的人真的步入婚姻。

人都是极其聪明的动物。

就像小孩子，他一遍遍啼哭，其实是为了试探大人的底线，要看看父母能够宠爱自己到什么地步，看看父母能妥协到什么境地，这能够最大限度地让孩子得到自己想要的玩具，或者安慰。

大人也一样，你越惯着他，他越会得寸进尺，让你更加失望。

你把所有的事情都大包大揽，某天再想把这些事情交回到他的手里时就很难了。

所以，姑娘们，他为你准备礼物呢，你就开开心心地收着，别不舍得；他要保护你，不让你累着，那就成全他的男子汉形象，告诉他你崇拜这样体贴的他。

在他帮你的时候，别拒绝；在他对你好的时候，别拒绝；在最开始恋爱的时候，就固定好模式。

如果你真的不介意照顾没有长大的他，那么多年以后，你就不要抱怨。

要想得到更多的爱，该拧不开矿泉水瓶盖的时候，你就当自己真的拧不开吧。

不要轻易插手别人的爱情

前几日在办公室聊天，同事小凌聊起她姐姐的爱情。她说她姐姐与男朋友相恋五年，即将结婚，却打算分手了。

小凌很为姐姐抱不平，罗列出姐姐男朋友多条“罪状”，连“准姐夫”的名号都不肯给那个男人，誓言分手最好，她姐姐值得更好的。

我问她：“这些话你经常跟你姐姐说吗？”

小凌说：“当然了，他缺点这么多，我为什么不能说？”

我说：“那他们吵架的时候，你会回避吗？”

她说：“我为什么要回避？吵架是他们的事儿，别打扰我看电视。”

其实小凌很爱她的姐姐，她从小是姐姐看大的，衣服多是姐姐买的，好吃的是姐姐给留的，找不到工作的时候信用卡是姐姐帮着还的，失恋痛哭有姐姐的肩膀支撑着，遇到任何事情都有人帮她顶着……她内心比任何人都希望姐姐得到幸福，她觉得她处处建议姐姐别嫁给这样一个男人是为了姐姐好。

可我还是忍不住泼她冷水，姐姐的爱情，不应该被她指手画脚。

以前我也觉得，为一个人好，就是她所有事情你都应该掺和，给她我们所能想到的任何建议和看法，劝她别走弯路。这个男人不值得托付，恋爱虽易结婚不易，千万别将就，跟他合不来就快点分手，要学会及时止损；我支持你寻找下一站的幸福，你值得更好的，而且更好的都在最后，别着急，会来的。

可是，终有一天你会明白，爱情，其实是两个人的事情。

道理再多，你不是她，无法对这份爱情感同身受，她身在其中的纠结和挣扎，你根本不会懂。

他的缺点，她难道不懂吗？她为了爱人，带着一腔孤勇来到他所在的城市，她不知道一旦他半路放手，她会陷入无尽的孤单之中吗？

她放下曾年薪很高的工作，来到他所在的三线城市，陪他创业，陪他辛苦，她会不懂这其中必定有落差吗？

他与她多年相处，会看不透她的拜金吗？为了钱而来，也许终将为钱而离开，可爱情就是不到黄河心不死，不撞南墙不回头。如果爱情都能像交易，那多半世人都能立地成佛，恍然大悟，视之如粪土，而不是痛苦。

他嘴上嫌弃她的懒惰、任性、脾气不好，也不过就是说说而已；他要真能分手，还困惑和倾诉做什么？

甚至那些在婚姻中对爱人的婚外情睁只眼闭只眼的人们，有几个是真正的傻子？不过是内心不愿意承认，抑或不愿意撕破脸皮而已。你只道她人前风光人后凄凉，希望劝说她放下，说不定前方有别人在等待。可你却不明白，这个表面的风光就是她想要维持的太平盛世。

谁愿意为难自己？谁愿意终生活在痛苦里？道理谁都懂，不过还是放不下，有太多纠缠、牵绊，你以为轻松的，别人可能顾虑太多。

她和他吵架，吵得天翻地覆，她恨透了这个男人，找你诉苦。可你怎么知道，两个人不会在下一秒就和好？说不定一句“对不起”就能冰释前嫌；说不定一个吻就解决了所有的怀疑和愤怒；说不定你回避一下，两个人吵着吵着就笑场了，而不是因为你在旁边两人顾及面子谁都不肯服输，让吵架升级成一场硝烟弥漫的战争。

你又如何会了解，两个人吵架之后“小别胜新婚”的甜蜜呢？

这就是爱情，从不能以“常理出牌”的概念来论。

我们通常会自以为是，认为自己的观点才是最棒的，最可靠的，甚至于用起“当局者迷，旁观者清”这样的论调毫不迟疑。“我是为你好”的语重心长手到擒来，这是人性；而拎清自己所处的位置，以及可能会给别人造成的伤害，这是最起码的善良。

前不久，几个老同学相聚。

小A嘴碎，挨个评论现场的人，对W说：“你看你现在老成什么样子了？都怪你娶了个任性的媳妇儿，总是需要照顾，你成天忙完工作忙家里，能不老得快吗？”

W觉得尴尬，却也坚定地说："我没有觉得很累，老，也许确实事情较多，也许是年龄到了，不关我妻子的事，照顾她我觉得乐在其中，爱她当然要让她过得舒心。"

据我所知，W与妻子情投意合；虽是W照顾妻子居多，可他妻子亦是很珍惜他们的感情，与我们聊起天来也是开口老公闭口老公的。小A说的只是其中一小面，人家夫妻彼此都乐在其中并不介意的一小面，他的评价只不过是看客的猜测。

W说，从那之后，他跟小A来往日渐稀落，他不喜欢别人说他妻子不好。

他选择牵手一生的爱人，必然就是他想要的。不然，你以为这个世界上真有那么多言不由衷、情不由己，就为了过日子而随便选个人结婚的婚姻吗？如果他不满意，爱情出了问题，他会自行去改变解决；如果他满意，他从不会以此为累，相反，他会乐在其中。

爱情，如人饮水冷暖自知，你所以为的不合适，也许是别人的情有独钟。

我记得以前看过一篇文章，是说一个女孩儿与男朋友异地恋，她去看男朋友，十几个小时的路程，她定的是硬座车票。她一个养尊处优的室友对她说："我要是你男朋友，怎么舍得让你做硬座呢？飞机坐不起，怎么也得是软卧吧？"

女孩儿心里很难过，原本喜不自胜要与男朋友相聚的心，顿时被打击得体无完肤，剩下的除了难过，就是生气。

人都是敏感的，如果她无法控制住这种情绪，有可能还会因此与男朋友吵架，迁怒于他；如果她是理智的，懂得这不过是一时的贫困，或许可以开导自己，而即便是这样，她的心里也会多一个疙瘩和心结。

“重色轻友”是一个人间课题，友情基本都会为爱情让路。她不想放弃这份爱情，即便每次的会面都只能买硬座车票，但她相信男朋友好过室友，室友居然如此嘲讽，而且未必真心，怎么办呢？最终结果，只能是疏远室友，以此来成全自己的爱情和坚定的心。

这世间的爱情千姿百态，有人已被收藏好，免她苦，免她惊，免她四下流离，免她无枝可栖；有人甘愿陪爱人白手起家，风雨兼程，一起走黑夜，一起迎接黎明。

你不是她，怎知她在恋情里的苦与乐？你不能为别人的爱情负责，又怎么有立场评说？

有一次我弟弟和弟妹吵架，我妈妈问我怎么办。我说，两个人为了些琐事吵架，你不要管，让他们小两口自己去处理。婆婆不要参与，这是夫妻之间的小事儿；婆婆一加入，人民内部矛盾立马升级为阶级对立矛盾，事情容易闹大。

后来我妈妈告诉我，两个人没多久就和好如初了。

无论友情，还是亲情，借着“为你好”的名义去插手别人的爱情，都是不理智的。

两个人你侬我侬忒煞情多，君心似她心处处相思意，怎么都不嫌腻。而你说真受不了你们如此矫情，不就谈个恋爱吗，谁没谈过似的。

那你多半会失去这份友情。

你没看到他们同甘共苦，也不了解两个人为了在一起做出了多大的努力，更不懂得两个人为了这些甜蜜做出了哪些牺牲。

谁没谈过恋爱呀？可是你敢说，你在爱人面前一丝一毫的矫情都没有吗？对吧，推己及人。

两个人性格不合，总是吵架，气头上嚷嚷着分手，死生不复相见；所以你看在眼里信以为真在心里，你说快分手吧，我都替你着急，这么过下去怎么一辈子啊？

可两个人要能分手早就分了，根本轮不到你来说，还不是因为感情在，舍不得。

你噼里啪啦说一通，义正词严地支持分手，帮她“教训”那个负心汉；结果人家床头吵架床尾和，最终你成了其中某一方的“仇人”，你骂过的那个“负心汉”此后再也不愿意与你有任何交集。那么你觉得，你的朋友是信你还是信恋人？

人都是需要面子的， 没人承你这份“全是为了朋友好”的盛情。

爱情是具有私密性的，容不得第三者插足，也容不得旁观者的指手画脚。

别轻易插手别人的爱情。

你没有走过他们的路，又怎么能对他们的感情品头论足？

困难来临前，我为你想好了一百种退路

1

一个朋友，最近总感觉身体不舒服，怀疑某方面机能出现问题。于是去医院做了个大检查，连核磁共振都去做了。最终，检查显示一切正常，只是平日忙碌导致的疲惫而已。

朋友松了口气，我安慰她："我就说没什么问题，这下放心了吧？"

她摇头："算是松了一口气吧，不过如果真有什么问题，我肯定也没钱治的。"

我劝她："别那么伤感，退一万步讲，真有什么事情，你老公就是砸锅卖铁也会把你治好的，他那么爱你。"

朋友终于笑起来："正因为如此，我才不能成为他的负担。如果我得了什么绝症，我坚决不会治疗的，那就是往里砸钱的病，治不好的，不如把钱留给我老公跟女儿，让他们好好生活，别被我拖累了。"

我一时沉默，不知道如何接话，倒是有别人劝她："你怎么会有这种想法？你要有个三长两短，不白白便宜了别的女人吗？没了你，你老公顶多也就哭几天，说不好分分钟娶别人回来，到时候，人家住你的房子，睡你的老公，打你的孩子。所以啊，万事要以自己为主，别做圣母。"

朋友说："不是圣母，也没什么伟大，就是自己的第一想法。"

我不知道，在真正的生老病死面前，她会不会害怕，会不会想才不管什么负担拖累的，只要自己的病能好起来就行，别的都是虚的。我也不知道，假若真发生一些事情，她老公是否像结婚誓言说的那般，能够做到不离不弃，至死不渝。

我所知道的是，她遇见事情的第一反应，就是给自己的爱人留好退路；她不愿意成为丈夫的负担，不愿意让他此后的人生去背负可能无法偿还的债务，不愿意拖累，不愿意让他为难。

我见过朋友的丈夫，是个值得依赖的人，待她极好。

"夫妻本是同林鸟，大难临头各自飞"，已经被很多人用来形容当下婚姻。可人生有好有坏，有各自飞的，也有奋不顾身要保护对方的。

夏天还没过去，就已经盘算着为他置办一款冬天的羽绒服；明天要出差，今晚哪怕熬夜也要把他的衣服熨妥帖；在他健康的时候，就要合理搭配膳食，预防生病；在自己生病的时候，会想到如果没了自己他要怎么办。

一个人对另外一个人的笃定，大概就体现在她总是会为他做好打算。

2

阿语是那种比较高冷的女子。

虽然做事很有自己的一套方法，但她不喜说话，不重社交。哪怕是夫家亲戚邻里之间，也极少主动。我们常言，若阿语改变性格，以她的智商和魄力，定然比我们的人际关系更能如鱼得水。可她对此不屑一顾，她只做自己喜欢的事情。

一个人可以坚持做自己，在世态炎凉之间，必然有另外一个人，给她支持和肯定，并做她的后盾和退路。

大概人与人之间的互补也是一种别样的体贴。这些年，只见阿语幸福如初，一众姐妹也都是羡慕不已。

听阿语说起过她的先生，人很开朗，会讲冷笑话，衣食住行，人情冷暖，一切有他打点。阿语除了负责貌美如花，就是高贵冷艳。

阿语的先生出差频繁，不是国内短途，就是国际长途。阿语有时候还跟我们调侃她的先生：不是在出差，就是在出差的飞机上。

有阵子，网络上关于马来西亚坠机的新闻不绝于耳；阿语忧心忡忡，那会儿常听到她后怕地叹气，尽管她先生的出差旅程，与坠机航线相去甚远，可这种事件仍旧让她焦虑。她甚至想，如果先生能换一份不出差的工作就好了，哪怕赚钱少一点，最起码安全得以保证。

在这不久后，阿语收到了一份意外保险的单据。

阿语说，她的先生深感国际航班的不安全，去保险公司办理了一份意外保险；保险承诺，若阿语的先生有什么意外，阿语将获得一笔数额非常大的赔偿。

这份意外保单里，阿语是受益人。

阿语说，这是她人生中所参与的第一份保险，没想到是以这种形式。她无法形容自己当时的心情，只记得先生松了一口气的样子，告诉她："这样，万一有什么事情，你将来的生活就有了保障。"

那一刻，阿语差点哭出声来。

这大概是她一生中最自豪的事情，有个男人，在危险面前，第一时间担心的不是自己，而是假如意外发生，她怎么办？把她安置好，他才能放心地再次成为英雄，厮杀战场，征服四方。

未雨绸缪，不是为自己，是为爱人、枕边人、一世的良人。

3

我与秦先生出远门，只要涉及走高速，秦先生都会要求我坐后座。

他说，这样安全。

在高速上，每辆车的车速都极快，方向盘稍微多动一点都可能造成危险，更别提雷雨、大雪、大雾天气。

有一年冬天我们开车回老家，当时下了点小雪，路面很滑。出门之前，秦先生就坚持不让我坐副驾，他说："万一高速还没撒盐，刹车肯定打滑，后座安全。"

他说得轻描淡写，我听得心里温暖。

这些寻常烟火，会成为我生命中最温暖的记忆。这是他给予我的最好的爱，这个人，所有的出发点都在为我打算。

我时常会觉得，爱一个人最好的方式，不是所谓的花前月下，浪漫如花；而是在真正的困难面前，他为你做了很多准备，他以你的生命和未来为出发点。不需要什么花里胡哨的形式，也没有什么乱七八糟的点缀，唯有最原始的希望，希望你的人生旅途不被意外伤害，希望你的前行路上没有任何阻碍。

在真正的生活里，意外总是少的，多是生活琐碎和鸡毛蒜皮。我们甚至宁愿鸡毛多一点，危险少一点。

可是，若有一个人这样为你倾尽心力，你一定要知道，在这场爱情里，你是被保护的。有一个人，爱你如生命；有一个人，在有可能遇见的困难面前，为你想好了所有的退路。哪怕上天入地，他在你面前，为你阻挡一切风雨。

他告诉你，不要担心，他会成为你人生路上的勇气。

你要珍惜。

去嫁给一个可以保护你的男人

下班的时候，接到夏天的电话。

她声音低沉，掺杂着哭泣之后的鼻音，隔着遥远的城市，都能听到她的难过，她说："西西，我和L分手了。"

夏天与L正在谈婚论嫁的阶段，L的表现却屡屡让人失望。

L的家庭条件稍微好一些，不知是不是因为这个原因，准婆婆在对待夏天的时候，多了很多傲慢和偏见。

本来夏天也不太在意，她清楚地知道谁家都有婆媳矛盾，反正以后不住在一起，只要两个人过好自己的日子就行了。

可是，随着连日来的相处，夏天发现，根本不是那么回事儿。

从前没见过家长，夏天与L的相处还算不错，有争吵也有甜蜜；如今三天两头地与L父母碰面，她忽然发现，L像一个没长大的孩子。

准婆婆说夏天太闹，一点没大家闺秀的样子；L便来要求夏天，希望她能变得沉稳一点，符合他母亲的期许。

准婆婆私下跟儿子说，夏天工资不算高啊；L也跟着抱怨，对啊，不知道什么时候才能涨涨。

有一次，L家有亲戚来，正巧夏天也在，一群人便留下来吃饭。夏天去厨房帮忙，正要端菜到餐桌的时候，听到亲戚在客厅里问L的母亲："哎，你在这坐着，让人家去端菜不好吧。"

L母亲不甚高兴地说："有什么不好的，年轻人多干点活儿，以后结了婚也不能闲着呢。"说罢压低了声音对沙发上看电视的L说："是不是？"

夏天很难过，她安慰自己，没关系没关系，L懂得她的好就行了。她身为小辈儿，多干点活儿也是应该的。

没想到，她等了半天，等到L很不耐烦地说了一句："是啊，让她忙吧，应该的。"

夏天的眼泪瞬间就掉了下来。

那一刻，她忽然觉得，她的选择可能是错的。她又不是保姆，哪怕L过来帮帮忙，她都不会如此尴尬。尚未结婚，他都不肯维护她一下，那结婚之后呢？该如何自处？

这件事，加速了夏天与L的分手。

夏天对我说："人生这么漫长，没有一个可以保护你的男人，女人是没办法在婚姻里得到幸福的。"

国人的婚姻历程中，关系太过错综复杂。婆媳矛盾，亲戚邻里，轻则嘴上口角，重则鸡飞狗跳；围城远没有爱情来得简单，你在这座城里，一言一行都会受到赞扬或讽刺。

婚姻生活没那么多轰轰烈烈的大事儿，都是些鸡毛蒜皮的琐碎。

如果你的男人不站在你这边，也不肯维护你，却还要你改变去迎合他的家人，那你会很累，很孤单。孤军奋战，早晚有一天会溃不成军。

其实婆媳之间，没什么公平不公平一说。每一个女子，都不是奔着婆媳战争去的，更不是奔着离婚去的。她最初的心愿也是得一心人白头不离，可谁让生活就要给人平添磨难呢?

磨难不要紧，女人不惧磨难，女人不介意患难与共；女人介意的是这个男人到底值不值得。

很多男人自己都不太介意妻子的一些小缺点，甚至这些小缺点在恋爱的时候都是情趣，是可爱；可惜从别人的嘴里提出来，他就觉得面子挂不住了。

这种面子都是伪命题，为此顺应别人来贬低自己爱人的，也绝不会让这个男人更高贵。相反，那些善于维护妻子的，会得到更多尊敬的目光。

如果你真觉得她某些方面做得不对，可以私下里指出来，不必让她下不来台。

男人保护自己的妻子，其实是在保护自己的选择。当你的小家强大到有原则、有规矩的时候，别人都不敢轻易地来指手画脚。那么，身为一个男人，你的收益就是少去很多麻烦。

男人真的是平衡爱人和家人之间的关键，你爱护她，别人才来尊重她；而尊重她，就是尊重你自己。

作为一个过来人，我要告诉你，婚姻确实很麻烦。

我不准备说那些如何拿下婆婆与之做朋友、做闺蜜的招数，因为那是我要做的事情；而我的男人要做的事情，就是维护我。

我不擅长家务，甚至结婚两三年之后，我都是不会做饭的。

秦先生一早在他母亲那里帮我奠定了基础：他说我被父母视为掌上明珠，是在宠爱中长大的，没吃过苦，没做过家务，又是远嫁，很不容易，让他的母亲对我好一点。

其实秦先生的这种行为很冒险，有可能让他的母亲怜惜我，也有可能让他的母亲讨厌我。毕竟，谁喜欢自己的儿子向着别人指责自己啊？典型的娶了媳妇忘了娘。

但是，他一直是这么做的。在他父母面前，他用各种行为撑起了我的面子，明明白白地告诉他父母，我是他选择的爱人，谁都不能欺负我。

我后来学会了做饭，经常去跟婆婆讨教，做得不错的菜会跟她亲热地显摆，偶尔也邀请她过来吃，她很高兴。正是有了秦先生之前打下的基础，她才会觉得：我儿媳妇本来十指不沾阳春水，现在做饭都这么好了，真不错。

我在婆婆朋友圈子里的好名声，有一半是秦先生为我赢来的。

你看，秦先生的态度丝毫不会阻碍他的孝顺；我也没有辜负秦先生，与婆婆相处得极好。

在亲朋好友面前也是如此，每次聚餐，他总担心我在他的亲人朋友面前不好意思，吃不饱，养成了为我夹菜的习惯；他也不会允许有人说我的不是，是典型的“帮我不帮理”，当然，我大部分时候还是挺有理的。

秦先生给他的亲戚家人灌输的概念就是：我爱的人，我护着，你们掂量着来。

结果，为我赢得了很多尊重和亲情。

其实，一个男人能不能够保护你，在日常的交往中都是能够看出来的。

细节处最见人心。

首先，当你与外人发生摩擦的时候，他是否向着你。

道理我们都懂，但人与人之间不可能没有矛盾。当矛盾发生的时候，我们需要的就是一个“帮亲不帮理”的爱人：他向着你，护着你，哪怕你是错的，哪怕私下里他会告诉你要如何改进；可是外人面前，他必须誓死捍卫你的尊严。

其次，打算结婚之后，多接触下他的家人。不要觉得以后来日方长现下能躲就躲，现在躲过去了，婚后的不适应有你后悔的。

我一直不赞成通过原生家庭的影响来给一个男人定性，但我赞成通过男人与家人的沟通方式看他待你的心有几分真。

他如果在家人面前尽力为你做好面子，努力让你获得他家人的认可，还不会给你任何压力；那么，他很用心。

再者，口说的都无凭，不要听他说，要看他做。

爱情容易让人冲昏头脑，可是为了避免你多年之后的悔不当初，我还是想告诉你，理智一些，婚姻不是儿戏。一个肯在生活琐碎里维护你的男人，才是值得的。

当局者并不是迷，而是不肯承认。你与他交往的细节里，藏着他的真爱与否；所以他好不好，是否护着你，你心里想必都有数。

愿你被爱的人守护，免你苦，免你忧，免你承受流言蜚语，免你承担不能承受之重。

当然，我说的这些，是对于真正想在婚姻里好好过日子的女人；那些自己没事儿找事儿的媳妇儿，该面壁思过就面壁思过。

愿人生过半，修一场心安

前几日随秦先生去朋友老吴家做客，老吴开车来接我们；顺道去他的发小那里拿回一条鱼，18斤，老吴说是他发小钓上来的。

因为处理起来很麻烦，所以为了节省时间，我们把这条鱼送去老吴家附近的饭店，让厨师帮忙做出来；足足做了两大盆，一盆酸菜的，一盆香辣的。

老吴的发小，是资深钓鱼爱好者。这个城市里大大小小的钓鱼俱乐部，他都参加过。发小很会做饭，当日吃的一桌子菜，除了那条18斤的鱼，都是发小做的。

我们只偶尔剥头蒜，洗个盘子，打打毫无技术含量的下手。其余时间就穿梭于客厅和厨房之间，唠唠嗑，吃吃西瓜。

老吴的妻子告诉我，平时老吴的这些发小来家里，都是他们自己到厨房烧菜做饭；想吃什么就做什么，一个个堪比大厨，她们女人只负责吃。

那一刻，我忽然喜欢起这样的生活来。

老吴家是一座二层小楼，在郊区，大概二百多平的样子。二楼的阳台很宽敞，我们可以坐在这里，品鱼、吃虾、喝酒，毛豆煮得咸淡刚好。夏天的黄昏，风吹来，与朋友谈天说地，无车马之喧，有情之惬意。

在市里地皮很贵的地段，老吴有一套挺大的房子，但他与妻子都是好静之人，并不喜欢去住。老吴说，他还是喜欢村庄里的生活，出门可遇老友，随时有人陪打牌喝酒。

饭后，我与秦先生沿着他们的村庄溜达；周围有一些菜园子，路很宽敞，车少，人亦不多，两人走走停停，甚觉美好。

我跟秦先生说："他们的生活真自在，就像一场田园的回归，我梦想的生活哎。"

秦先生笑谈："不如我也来此买块地皮，帮你实现这个愿望。"

我实在忍俊不禁，我说若真有这些钱，我要去买一户更好的学区房。

说罢，我有些发愣。

你看，我这样懂得现实和做梦之间的区别。

曾在育儿网站上，认识一位全职妈妈。

她在孩子即将入学幼儿园的时候，连换两座城市，她说：你知道吗？这需要很大的勇气。

她之前建立起来的所有关系，都要推翻重新来过，这种重建让人孤独。

但是她没有办法，她付不起这里高昂的房价，更无法拿到上海的户口，不能为女儿在这座城市选择一家好点的幼儿园，只能换一座退而求其次的城市。

她并不在意那座一线城市，她在意的是那里的人。

她说，她的很多时间都用来怀念过去。

她曾在那里结交下朋友，她曾在职场获得过傲人的成绩。她在上海的那几年，像种子一样在记忆里生根发芽，每当孤独的时候，就拿出来想念。

过去每一刻的美好都在暗示她，以她现在的精力和时间，不能再重新建造一场尽如人意的社交和友情，甚至人脉。她无法再次获得轰轰烈烈、有目标和兴奋点的生活，现在的她应该只求随遇而安和顺其自然。

她很颓废。

我说你应该学会将这些记忆从大脑里一点一滴地抽离，不分离出去，你会更痛苦。

你说孤独是享受吗？不是。

心静下来的独处是享受，但孤独不是独处；人是群居动物，孤独有时候让人绝望。

说起来，你觉得在一线城市奋斗好，还是定居于二三线城市稳定好？我觉得这个问题就像在问你喜欢吃咸豆腐脑还是甜豆腐脑？

难道不是因人而异？

我看到过很多讨论是在大城市披荆斩棘，还是回归小城市知足常乐的文章。有时候我会想，如果我还能选择的话，我一定选择三线城市；在同一座城市里生活一辈子，过那种很多人都不愿意过的，一眼望尽一生的生活。

因为我这些年一直在外，和那个全职妈妈一样，我渴望父母在身边，渴望发小和最好的朋友一个电话就可以见面。

到了我这个年龄，已经不太愿意过多踏入社交领域，除非必要。我身边很多人我们都知道，为了生存或生活而需要的，并不是真正走进内心的；最让人安心和开心的，仍旧是原来的圈子，原来的人。

但是，如果时间真的能够让人再次选择，她和我会向往那种毫无波澜的生活吗？

未必。

年轻的时候，一定是需要轰轰烈烈的；因为前路无时无刻不在散发着诱惑的种子，你好不容易捡到一颗，你要种下，你要收获一片森林。那是希望，年轻时期最该有的希望；失去这些，要依靠什么度过余生？

我一直觉得，每个人都需要一些信仰作支撑。当我们没有足够强大的内心来消化自己所做的选择的时候，就需要找一些支撑，避免自我沉迷于失去里，避免绝望。

关于信仰这件事儿，完全在于你想要得到什么，你的内心在坚持什么。

我有时候甚至会羡慕那些痴迷于某一种爱好的人。

比如老吴的那位发小，他是真的爱钓鱼，他可以一坐几个小时；比如我家秦先生，他喜欢喝茶，我眼睁睁看着我们家的花销记录在买茶上日渐增长，但我非常支持他喝茶；再比如我朋友，她喜欢插花，隔三岔五就兴致勃勃地跟我显摆她插花的技术又有长进。

我一度觉得我这种人没救了，若说对什么还痴迷的话，那可能只有水煮肉了。我在过去的几年间，每到一个城市，都会尝尝那里的水煮肉；甚至出去游玩所住的酒店，我都会问一句餐厅可不可以做水煮肉。

但这项乐趣已经随着时间而消失殆尽，我现在喜欢吃的东西非常少，挑食很厉害。

我觉得这样不好。

没有信仰的人生，会稍显无趣。

我闺蜜说："你看你多好，丈夫体贴，儿子可爱，该得到的都得到了；尚未过三十岁的年纪，生完小孩儿身材还保持得那么好，好想跟你换。"

我对她说："你看你也不赖，尽管独身，却金钱和时间自由，想去哪里都可以，想做什么就去做；你过得如此美好，又有什么需要跟我换的。"

我喜欢老吴和他发小的生活；全职妈妈怀念从前的生活，秦先生告诉我，老吴说他的妻子羡慕我的生活。

我闺蜜希望如我一般尽快组建三口之家，而我则崇尚她的自由。

世间安得双全法?

我们统统生活在别人的世界里。

我相信，没有人敢说自己的一生从未有过后悔的时刻。

人都是不知足的。

欲望让人前进，也让人痛苦。

欲望太多，人就会不快乐。

我觉得随心而行可以大大减少人的后悔，最好在一开始就知道自己想要什么，然后一直按照这个目标去努力。无论在哪座城市，安心踏实地努力，就向着从前设定的目标努力；选择之前要慎重，选择以后要坚定。

就像信仰，有信仰的人，幸福感会强烈一些。

我的好姐妹曼曼，她就喜欢做一个贤妻良母。穿梭于菜市场和厨房之间，比上班更能让她得到乐趣；而我的同事小徐，产后三个月立马回归职场，她一刻都不想待在家里扮演一个好母亲。

我们之所以不快乐，除了欲望太多，还因为别无选择。

有的全职妈妈其实不喜欢带孩子，可是人力和经济都有限，请不起保姆就得亲自上阵；有人厌倦极了朝九晚五的生活，但不上班就得喝西北风；没办法去专卖店里随便买买买，那你说不去挣钱还能做什么？

看过这样一句话：时间并不能解决任何事情，它只是把那些让你烦恼的事件变得不再重要了。

心态，是一件调节的法宝。

我们渴望得到的，很多都是我们目前没有的；有的缺少快乐，有的缺少金钱，有的需要人脉，有的渴望关怀，有的希望得一个可以为他择一城终老的爱人，在深夜里有人为晚归的他留盏灯。

我最近遇见了很多种不同的生活方式，我在他人的世界观里不停地思索，我们的困惑究竟是为了什么？

我想大概就是，想要的还没得到，得到的又已经失去兴趣。

我并不希望自己变得如此，我希望我对生活一直保有热情。

我在努力生活，也在修炼自己。

自我修行是一条非常缓慢而漫长的道路，不知何年才能得偿所愿，但这条路仍要坚持下去。

愿人生过半，修一场心安。